DEBUT D'UNE SERIE DE DOCUMENTS
EN COULEUR

La Revanche de la France par le Travail.
(Extrait du deuxième volume.)

LA QUESTION SOCIALE

RÉPONSE

AU JOURNAL

LE RAPPEL

PAR

J.-P. MAZAROZ

PARIS
DENTU, LIBRAIRE-ÉDITEUR
PALAIS-ROYAL (GALERIE D'ORLÉANS).

1874

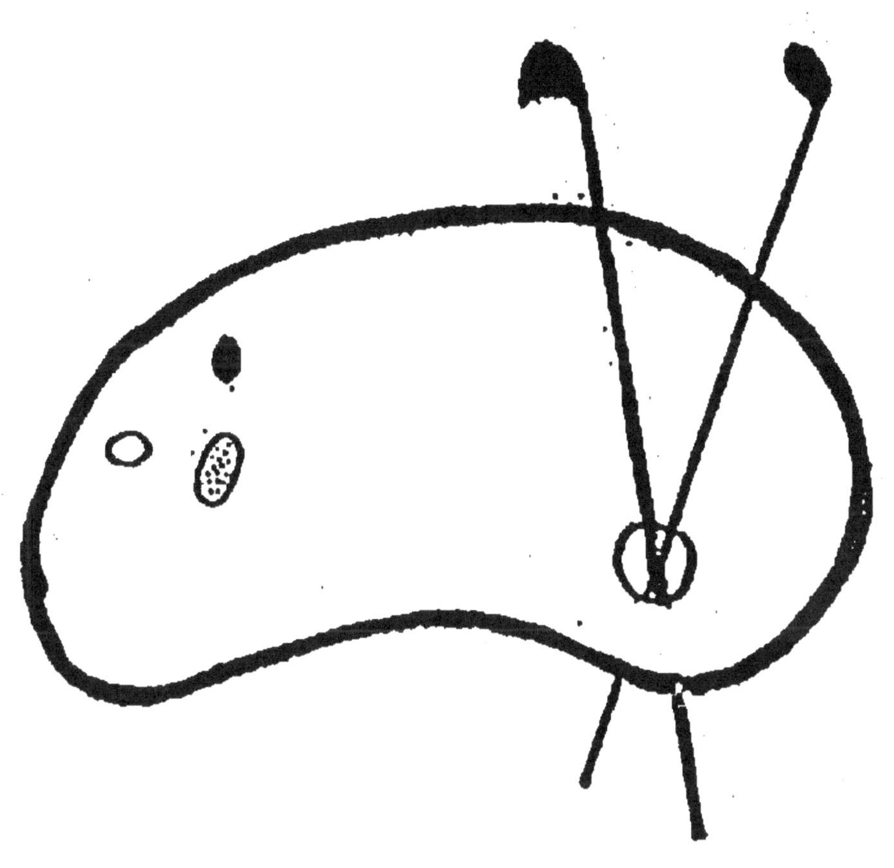

FIN D'UNE SERIE DE DOCUMENTS
EN COULEUR

LA
QUESTION SOCIALE

RÉPONSE

AU JOURNAL

LE RAPPEL

La Revanche de la France par le Travail.
(Extrait du deuxième volume.)

LA

QUESTION SOCIALE

RÉPONSE

AU JOURNAL

LE RAPPEL

PAR

J.-P. MAZAROZ

PARIS
DENTU, LIBRAIRE-ÉDITEUR
PALAIS-ROYAL (GALERIE D'ORLÉANS)
1874

TABLE DES MATIÈRES.

LA

QUESTION SOCIALE

AU LECTEUR

Les défaites intérieures et extérieures que nous avons subies, les profondes divisions existant entre toutes les classes de la société semblent prédire des jours de plus en plus sombres à notre pays.

Craignant dans l'avenir de grands désastres sociaux dont ma famille, mes ouvriers, mon industrie et moi-même subirons forcément les terribles conséquences, et désirant trouver une atténuation à cette très-probable éventualité, j'ai recherché depuis plus de vingt ans les causes de la faiblesse évidente de nos institutions, ainsi que les moyens d'en conjurer les malheureux résultats.

J'ai publié à cet effet plusieurs volumes et brochures parus successivement depuis une douzaine d'années sous le titre général : *La Revanche de la France par le Travail.*

Remontant ensuite aux sources du travail national, je viens de faire paraître un volume contenant l'histoire des corporations d'arts et métiers instituées par saint Louis en 1260 et abolies par les Constituants en 1791.

Poursuivant ces études, je prends la liberté de soumettre à mes lecteurs la présente brochure qui contient les conclusions de tous mes ouvrages avec la solution de la question sociale que je crois la meilleure pour la nation française.

Je prie donc le lecteur de vouloir bien m'excuser puisque je traite un sujet en dehors de ma profession ; mais, vu la gravité de la crise que traverse notre cher et bien aimé pays, je pense que le devoir de chacun consiste aujourd'hui à étudier, en dehors de tout intérêt personnel, ce qu'il croit propre, sinon à le sauver de suite, du moins à atténuer autant que possible les malheureux effets de sa défectueuse organisation sociale.

LA
QUESTION SOCIALE

CORRESPONDANCE

Compte rendu du journal le Rappel *sur le premier volume de* LA REVANCHE DE LA FRANCE PAR LE TRAVAIL, *contenant l'histoire des corporations françaises d'arts et métiers.*

(Numéro portant la date du 15 novembre 1874.)

LA REVANCHE DE LA FRANCE PAR LE TRAVAIL.

M. Mazaroz a publié sous ce titre un important ouvrage, et il en a mis un exemplaire à la disposition de chaque chambre syndicale ouvrière.

Nous avons lu le premier volume, et nous pouvons dire qu'il prendra très-utilement sa place dans nos bibliothèques à côté de l'*Histoire des classes ouvrières en France*, de M. Levasseur.

Quand le second volume aura paru, nous apprécierons l'ouvrage complet.

Dès à présent, nous avons remarqué en lui une partie bonne et une partie que nous avons à critiquer.

La partie bonne, c'est l'histoire des corporations, avec des documents très-anciens donnant de curieux et intéressants détails sur l'organisation du travail depuis le moyen âge jusqu'à la révolution de 89.

La partie qui s'offre à notre critique, c'est l'approbation pas assez réservée, selon nous, des priviléges corporatifs abolis en 1791, priviléges qui créaient un véritable ostracisme dans le travail et maintenaient le servage dans les populations.

D'autre part, il est difficile aujourd'hui de faire un livre sérieux, surtout économique, sans se prononcer pour ou contre les institutions gouvernementales.

Tout dépend de la forme du gouvernement. Le commerce, l'industrie et le travail lui sont assujettis. A présent, en France, pour la masse laborieuse, monarchie est synonyme de révolution, comme République veut dire paix et liberté, en d'autres termes, gouvernement du peuple par le peuple.

Or, bien que M. Mazaroz nous paraisse animé d'une grande loyauté et qu'il nous laisse de lui une impression très-libérale, nous ne pouvons néanmoins, faute de déclaration précise, dégager son être de son paraître.

Loin de nous la pensée d'élever la moindre suspicion sur son compte personnel, mais nous n'avons pas l'honneur de le connaître personnellement, et l'expérience que nous acquérons chaque jour à nos dépens, par les défections et les recrues sans foi, nous force à demander des garanties pour avenir.

Nous espérons donc que le second volume de M. Mazaroz comblera la lacune que nous lui signalons.

Signé : J. BARBERET.

EXPOSÉ GÉNÉRAL

A M. J. BARBERET

RÉDACTEUR DU BULLETIN DU TRAVAIL AU JOURNAL *LE RAPPEL*, A PARIS.

MONSIEUR

Je lis, dans le numéro de votre journal du 15 novembre le compte rendu du premier volume de mon dernier ouvrage, *la Revanche de la France par le Travail.*

Je commence par vous remercier, Monsieur, du bien que vous pensez sur l'ensemble de mon livre, mais je viens néanmoins vous demander de vouloir bien me permettre de répondre à la partie que vous croyez sujette à critique.

Je suis fort heureux de l'occasion que vous me donnez de saisir corps à corps deux des plus importantes erreurs que commettent, depuis quatre-vingts ans, presque tous les écrivains qui, comme vous, s'occupent du travail et des travailleurs.

La première de ces erreurs consiste à voir dans l'organisation représentée par les anciennes corporations *un véritable ostracisme dans le travail et le maintien du servage dans les populations.* (Je prends à dessein vos propres paroles.)

La deuxième consiste à vouloir toujours subordonner les questions de commerce, d'industrie et de travail à la forme du gouvernement, ce qui, à mon avis, est un dangereux non-sens social.

La vérité qui découle de l'esprit même du suffrage

universel exige que le gouvernement soit au contraire issu des besoins et de la volonté de l'universalité des citoyens français réunis dans leurs comices professionnels.

Voilà, si je puis m'exprimer ainsi, ce qui s'appelle prendre l'habit pour le corps.

***

La situation sociale créée par la profession politique, fille de l'individualisme, nous représente aujourd'hui cinq grands partis ayant chacun dans leur poche une forme de gouvernement, dont les ministres et les principaux fonctionnaires sont à peu près tous désignés d'avance.

Chacun de ces cinq partis présente au pays sa forme politique comme la panacée universelle et hors de laquelle il n'y a pas de salut; de là, les luttes et les compétitions politiques dont nous avons depuis si longtemps le désolant spectacle devant les yeux.

Voilà, Monsieur, une des causes principales des malheurs, des guerres et des révolutions dont la France souffre et meurt à petit feu depuis trois quarts de siècle.

Ceci est le résultat le plus important de l'œuvre des Constituants de 1791, que vous semblez regarder, fort à tort selon moi, pour les destructeurs du servage des travailleurs industriels, car c'est juste le contraire qui est le vrai.

Permettez-moi donc de vous dire, Monsieur, que vous êtes, sur ces deux points, absolument en dehors de la vérité; je refuse à croire que, pour les questions sociales, *le Rappel*, dont vous êtes ici l'organe, ait mis dans son programme le devoir de marcher dans les sentiers du despotisme que les hommes politiques de la Révolution ont si profondément tracé.

Je crois, du reste, qu'il n'y a ici qu'un malentendu entre nous.

J'ai dit assez souvent et assez longuement que je ne réclame pas le rétablissement des anciennes corporations dans notre société actuelle, pour n'avoir pas besoin de vous le répéter ici.

Ce que je demande, et ce qui est ma conclusion, *c'est le rétablissement des droits d'association et de réunions professionnelles*, fonctionnant par *le suffrage universel*, avec toutes les *libertés individuelles* les plus étendues, lesquelles (d'après l'opinion d'Hérault de Séchelles) ne doivent avoir pour limites que celles du prochain.

*
* *

Vous paraissez croire, Monsieur, que l'association professionnelle des anciennes corporations n'était que le servage, c'est-à-dire la privation de la liberté individuelle des travailleurs.

J'ai dit plus haut que je croyais cette opinion complétement erronée, et je vais essayer de vous le prouver.

Avant d'entrer dans les détails, il est bon de dire, en thèse générale, qu'une institution qui a émancipé, instruit et enrichi une partie des travailleurs français ne peut et ne doit pas être l'esclavage, ni son successeur le servage.

En effet, il est certain qu'au moyen âge aucun travailleur français ne possédait un pouce de terre, aucun d'eux ne possédait même un nom de famille : ils étaient tous appelés par des sobriquets dérivant de leur profession, du lieu de leur habitation, ou des qualités et défectuosités physiques ou morales qui les faisaient remarquer (1).

Or, si vous voulez bien consulter l'excellent ouvrage de M. Paul Boiteau, intitulé : *Fortune publique et finances*

(1) Le journal *le Rappel* a donné sur ce fait une preuve parfaitement motivée qu'il dit avoir prise dans *le Journal des Débats*.

de la France (Guillaumin et Cie, éditeurs, 1866), vous verrez, Monsieur, au chapitre II du tome II, qu'en 1789 on a constaté qu'il y avait environ cinq cent mille propriétaires français en dehors de la noblesse et du clergé.

Ces cinq cent mille petits propriétaires, qui l'étaient devenus pour la plupart grâce aux institutions corporatives, possédaient alors environ le quart de tout le territoire français ; en plus, les dettes nationales, qui se montaient en 1789 au chiffre énorme pour l'époque de quatre milliards et demi de francs, avaient toutes, depuis trois siècles, été souscrites, à trois ou quatre pour cent près, par les commerçants et industriels qui s'étaient enrichis par le travail à l'ombre et sous la protection des privilèges accordés par le roi Louis IX à tous les citoyens qui faisaient partie des corps d'arts et métiers.

Ce prince a organisé le travail en France comme Manou l'a fait il y a environ six mille ans dans les Indes (1), comme Salomon en Judée, comme Numa Pompilius au début de la puissance romaine, comme Alexandre Sévère à son déclin, etc., etc.

Ces privilèges (2), à l'inverse de ce que vous paraissez croire, étaient en principe égaux pour tous dans ces communautés, et si des abus se sont glissés au milieu d'elles, comme il s'en produit partout où il y a réunion d'hommes, c'est surtout au pouvoir qu'il faut les attribuer.

Le nouveau pouvoir issu de la Révolution devait donc, s'il n'avait eu en vue que le bien général, supprimer les abus, mais il ne fallait pas qu'il abolît le principe divin de l'association professionnelle, qui était, qui est et sera toujours le seul droit qui puisse être accordé avec chances certaines de succès à tous les travailleurs laborieux.

(1) C'est pourquoi le mot *industrie* vient d'Indus ou Indes.
(2) C'est le nom qu'on donnait alors aux droits.

Je pense que vous avez raison de croire, comme vous le dites dans votre compte rendu, « qu'il est difficile » aujourd'hui de faire un livre sérieux, surtout écono- » mique, sans se prononcer pour ou contre les institutions » gouvernementales. »

Vous avez dû voir, puisque vous avez lu mon premier volume et la préface du second, que je me prononce carrément contre toutes les institutions établies par les Constituants de 91.

La base établie, ces institutions ont été fatalement continuées et développées par leurs successeurs.

Je considère cette base comme fausse, elle a selon moi pour principe essentiel le despotisme et l'égoïsme, et je l'accuse ouvertement d'être la seule cause de tous les malheurs qui accablent notre pays depuis quatre-vingts ans.

***

Mais je ne suis plus du tout de votre avis lorsque, abandonnant le fond de nos institutions sociales, vous faites tout dépendre de la forme du gouvernement.

La forme n'est rien, Monsieur, sachez-le bien : le fond est tout, en cela comme en toute chose, mais surtout en fait de gouvernement.

Que le chef du pouvoir s'appelle dans l'avenir Empereur, Roi, Président ou de tout autre nom, que son fils lui succède ou qu'il soit électif, si les lois fondamentales de la société sont les mêmes que celles sous lesquelles nous vivons;

Si l'instruction est toujours générale au lieu d'être spéciale;

Si le service militaire enlève également tous les meilleurs bras à l'agriculture et à l'industrie pendant les plus belles années de la jeunesse des citoyens;

Si les droits d'association professionnelle restent toujours abolis ;

Si la conciliation de tous les différends par les pairs est comme par le passé difficile, sinon impossible, entre les hommes;

Si les procès entre les citoyens et entre les familles peuvent toujours durer trois ou quatre ans et ruiner aussi bien les gagnants que les perdants;

Si le travailleur laborieux isolé par l'individualisme a toujours le fantôme de la misère qui peut venir frapper à sa porte à la moindre maladie et au premier chômage, sans jamais avoir l'espérance de faire disparaître cette terrible éventualité;

Si les enfants de tous les travailleurs sont toujours pour la plupart destinés fatalement à ne recevoir presque aucune instruction ;

Enfin, si les partis politiques, continuant à se disputer constamment à qui aura le pouvoir, c'est-à-dire les portefeuilles et les ambassades, arrêtent toujours ainsi le commerce dans son développement et l'industrie dans son essor ;

Les résultats sociaux étant toujours semblables à ceux-ci les populations n'auront absolument aucun intérêt à une forme de gouvernement plutôt qu'à une autre.

Voilà quelques-unes des bases du fonctionnement social de tous les jours, qu'il faut modifier et améliorer si l'on veut commencer à affranchir tous les travailleurs. (Par travailleurs j'entends aussi bien les patrons que les ouvriers.)

Bien trompés seront ceux qui auront attendu la plus petite de ces réformes d'un parti politique quelconque lorsqu'il sera arrivé au pouvoir.

Si nous voulons les obtenir, il faut avoir la force et le courage de les accomplir nous-mêmes et nommer ensuite

UN POUVOIR qui aura son intérêt lié avec son honneur à leur conservation.

Croyez-bien, Monsieur, que si tous les maux que je viens d'énumérer, ainsi que beaucoup d'autres, existent toujours, il n'y aura jamais de différence pour les travailleurs entre toutes les formes possibles de gouvernement.

Que ce soit Pierre, Paul, Jean ou Jacques qui soient au pouvoir ; que celui-ci s'appelle République, Empire, Royauté, Dictature, Stathoudérat, Fédération ou autre, si le système du fonctionnement social est le même, chacune de ces différentes formes produira des résultats aussi absolument désastreux pour la masse des populations, que ceux précédemment observés.

Je reconnais qu'il n'en est pas de même pour tous ceux d'entre les citoyens qui ont embrassé la profession politique et qui attendent entièrement leur avenir, ainsi que celui de leur famille, de l'arrivée au pouvoir du parti politique auquel ils se sont attachés.

Je vous dirai, qu'étant avant tout partisan du fond social, je ne regarde sa forme que comme très-secondaire au point de vue de l'intérêt général où je m'efforce de me placer toujours.

Les hommes qui ont embrassé la profession politique ne m'intéressent donc nullement, je les regarde même en masse comme le plus sérieux obstacle au progrès général de mon pays par l'organisation du travail.

Tenez, Monsieur, puisque vous attendez mes conclusions pour vous prononcer, je vous soumets ci-après quelques parties de mon deuxième volume qui vous éclaireront sur ma manière de voir relativement aux institutions gouvernementales de mon pays et sur celles que je souhaite en remplacement.

Je crois devoir diviser en trois parties les explications qui vont suivre :

1° Turgot a été le bouc émissaire de toute la tête du tiers état, laquelle pendant de longues années a visé le gouvernement de la France, duquel elle a si complétement réussi à s'emparer.

C'est donc par l'œuvre principale de Turgot, dont je vais vous présenter la critique, que je crois devoir commencer.

2° Le deuxième point sera l'exposé d'une certaine quantité des innombrables infirmités sociales dont nous souffrons et qui découlent directement, selon moi, de l'amoindrissement du principe communal par la division des communes, qui avaient chacune autrefois l'importance d'un canton d'aujourd'hui, et de l'abolition du principe rédempteur de l'association professionnelle contenu rudimentairement dans les corps d'arts et métiers.

3° Le troisième point sera composé du RÉSUMÉ des explications que je prends la liberté de vous donner et de la CONCLUSION que j'en tire.

PREMIER POINT

CRITIQUE DE L'ŒUVRE SOCIALE DE TURGOT.

Dans le premier volume de mon histoire des corporations françaises d'arts et métiers publié sous le titre générique de tous mes écrits : *la Revanche de la France par le Travail*, j'ai donné dans son entier l'édit de Turgot qui supprime les corps d'arts et métiers, lequel est précédé de considérants en vingt-neuf paragraphes. (Page 227 à 254.)

Ces vingt-neuf paragraphes contiennent et démontrent toutes les pensées et toutes les intentions qui animaient Turgot lorsqu'il a osé porter la main sur ce monument de la sagesse des siècles.

Jugeant utile de réfuter l'opportunité de ce grand fait d'histoire, je vais reproduire les raisonnements contenus dans ces paragraphes et les faire suivre de mes observations.

CONSIDÉRATIONS PRÉLIMINAIRES.

Les hommes qui savent, voient clairement qu'il y a dans la vie des peuples, comme dans celle des individus, des événements principaux qui ne paraissent avoir pour eux aucune logique ni aucune raison d'être quand ils examinent seulement le pour et le contre de leur côté actuel, c'est-à-dire quand ils étudient simplement et étroitement toutes les questions à l'époque exacte de leur solution.

Beaucoup de ces événements, qui semblent les résultats de la fatalité, ont quelquefois les plus douloureuses conséquences sur l'avenir de tous les intéressés ; et pourtant, il est impossible de penser que des faits aussi considérables que ceux dont je veux parler n'aient pas eu leur utilité dans la chaîne non interrompue du progrès humain, car sans cela ils n'auraient pas dû pouvoir s'accomplir.

Ainsi, à six siècles de distance, deux hommes apparaissent en France, Étienne Boileau et Turgot : tous les deux possédaient la confiance du roi de France, tous les deux se sont occupés du principe vital de tous les peuples, c'est-à-dire de l'organisation du travail et de tous ses intérêts.

L'un de ces hommes est venu pour l'établir solidement.

L'autre est venu pour la détruire.

Et pourtant chacun d'eux a pris pour prétextes et pour motifs la vertu, l'intérêt et le bonheur du peuple ainsi que ceux de toute l'humanité. Les tyrans et les législateurs honnêtes ont tous les mêmes paroles ; ils ne diffèrent, ne s'apprécient et ne se reconnaissent que par les résultats de leurs œuvres, c'est-à-dire par la qualité de leurs institutions.

Mais, pour celui qui sait trouver la pensée des hommes dans les lignes de leurs écrits, il est facile de juger ces deux hommes d'État et d'apprécier quels étaient leur but et leurs intentions intimes.

Au point de vue élevé où le juge doit se placer, il voit de suite que le premier ne pensait qu'à l'intérêt général des hommes et des institutions, et que le deuxième n'avait en vue que l'intérêt privé de la tête du tiers état français, dont il faisait partie.

En un mot, l'un était un homme de paix, de concorde et de progrès, et l'autre, malgré le masque, était un homme de guerres, de divisions et de discordes civiles.

Les résultats de l'œuvre de chacun d'eux, connus entièrement aujourd'hui, prouvent cela d'une façon indiscutable.

Mais, en considérant l'œuvre de Turgot dégagée des intérêts de classe qu'il devait avoir, il est certain que, par les résultats de la plus importante de ses réformes, c'est lui qui a commis et fait commettre la plus grande faute sociale qui ait jamais été accomplie.

Ce ministre a dit et a réussi à faire croire, aidé des hommes importants du tiers état, que le seul moyen de rendre libres tous les citoyens consistait à leur enlever la liberté la plus précieuse de toutes, la liberté d'association, c'est-à-dire celle qui seule peut donner l'indépendance à l'honnête homme par le travail organisé avec tous ses intérêts généraux.

Il a ainsi inventé le sinistre sophisme qui se résume ainsi : *annuler l'intérêt de chacun au profit de celui de tous.* Turgot a fait plus, il a été la cause de sa mise à exécution.

En effet, il a pu faire abolir le droit séculaire des réunions professionnelles que le plus illustre des rois avait établi, et à l'ombre duquel, malgré toutes les imperfections de son fonctionnement, la France avait grandi pendant six siècles. Turgot a pu faire abolir cette liberté mère et source de toutes les autres, par le successeur trop crédule de celui qui en avait doté législativement la France d'après les traditions séculaires de ses populations.

Pour arriver à ce désastreux résultat, Turgot prit purement et simplement le prétexte que les associations corporatives contenaient alors beaucoup d'abus.

Cela seul a suffi en apparence pour entraîner la décision du roi. Mais si l'idée, pourtant bien simple, que ces mêmes abus pouvaient être tous retranchés d'un seul coup de plume en laissant subsister seulement le principe vivifiant de l'association professionnelle, n'est pas venue au descendant de saint Louis, surtout après avoir entendu le discours de l'avocat général Séguier, c'est que Turgot lui avait fait comprendre depuis longtemps que la suppression était le seul moyen de s'attacher les hommes importants formant la tête dirigeante du tiers état, dont Louis XVI pensait avoir besoin plus tard au sujet des finances obérées de l'État.

Turgot a admis la liberté des associations individuelles; mais cette doublure inutile et dangereuse de l'acte civil du mariage sans contrat engendre la guerre, la bataille et les procès entre tous les citoyens affolés par les intérêts privés qui aveuglent toujours.

Ceux-ci restent donc profondément divisés et sans aucune force collective vis-à-vis de la grande association gouvernementale, sortie de la pensée de Turgot, au profit de la classe de la société dont il faisait partie.

Turgot a ainsi préparé le principe des délégations nationales en dehors de la direction des groupes naturels de la nation, c'est-à-dire en dehors de l'ordre et du rangement des intérêts sociaux, qui doivent toujours être dirigés par les élus des spécialistes composant chaque profession.

Enfin il a créé sur les ruines de toutes les anciennes corporations d'arts et métiers la grande CORPORATION GOUVERNEMENTALE qui règne sur la France depuis quatre-vingts ans en s'élargissant comme la tache d'huile, c'est-à-dire de plus en plus.

Avec tout cela Turgot a eu le talent de faire accepter le

système de tout réformer par la restriction et de tout affaiblir dans un but dominateur, en généralisant ce qui doit être spécial et en appliquant faussement à tous, c'est-à-dire au gouvernement, qui représente plus ou moins bien tout le monde, ce qui en réalité fait partie du patrimoine et de la mission de chaque citoyen ou groupe de citoyens d'après la loi naturelle.

C'est sur ce dangereux système que toute la France nouvelle a été établie ; voilà pourquoi tout craque et menace ruine autour de nous, parce que le fonctionnement de nos principales institutions, loin de nous protéger, semble seulement exister pour enfanter et semer toutes les discordes.

Cette situation ira toujours en grandissant, car elle procède du système général de la société moderne, qui a remplacé la base sociale du travail par la base corruptrice de l'exploitation générale de toute chose.

Pour se convaincre de la vérité de ce qui précède, il faut lire et bien étudier les considérants rédigés par Turgot et lus dans le lit de justice tenu à Versailles le 12 mars 1776. Ces considérants ont été immédiatement suivis d'un édit en vingt-quatre articles qui a supprimé les corporations.

Pour celui qui a beaucoup réfléchi, les considérants de Turgot ne sont qu'un échafaudage de subtilités spécieuses.

L'organisation spéciale du travail, qui était la base véritable de la société française de son époque, semblait lui agacer les nerfs.

Les paragraphes dans lesquels il signale les abus sont d'une réfutation si facile, que l'on demeure confondu en voyant le roi accepter si aisément des lieux communs d'une aussi grande banalité.

*
* *

Après avoir lu et compris l'intention contenue dans l'édit de 1776 et dans les considérants de ce même édit, voyons, par comparaison, les motifs indiqués par Étienne Boileau, l'honnête ami du roi saint Louis, lorsqu'il rédige, sous les ordres de son souverain, « li Establissement des Mestiers de Paris », en l'an 1260.

Il dit en substance que, pour éteindre les procès, les disputes et l'envie déloyale qui gâte et corrompt encore davantage les ignorants et ceux auxquels le jugement fait défaut, il y a lieu, il y a urgence d'établir en règlements définitifs les coutumes et les habitudes des différents corps de métiers qui dataient des temps les plus reculés, et que ceux-ci s'étaient donnés LIBREMENT, ces coutumes ayant été recueillies d'après les traditions séculaires.

Quelle leçon Turgot aurait dû puiser là ! Étienne Boileau, en 1260, n'a fait qu'établir les règlements que s'étaient donnés eux-mêmes les artisans des divers métiers, et cela *en toute liberté !* Pourquoi donc Turgot, le libre penseur, n'a-t-il pas fait une chose aussi généreuse que celle accomplie par un gouvernement du moyen âge ? Pourtant rien n'était plus facile et mieux approprié aux besoins et à l'esprit affiché par lui et par tout le monde de son époque.

En effet, il est certain que des intérêts très-justement réglementés, il y avait déjà près de six siècles, par la liberté, devaient avoir vieilli et se trouver peu en rapport avec l'esprit et les besoins des temps modernes : il y avait donc lieu de faire ce qu'Étienne Boileau avait fait lui-même ; il suffisait d'employer les mêmes paroles, en les retournant tout simplement.

Il avait dit que des us et coutumes très-sages pour son époque existaient depuis des temps immémoriaux dans la partie saine et laborieuse des artisans parisiens.

Il avait dit encore que les paresseux, les ignorants

et les envieux troublaient la bonne marche du travail et du commerce en général par les mauvais produits et marchandises qu'ils vendaient, et par les disputes et procès qu'ils suscitaient autour d'eux.

Il est bon de noter en passant que Turgot nous a rendu tous ces maux en détruisant l'organisation du travail.

Étienne Boileau avait dit ensuite que, pour ces raisons, il y avait lieu d'établir en règlements définitifs et obligatoires les traditions honnêtes qui avaient la sanction de plusieurs siècles d'existence dans tous les métiers de Paris.

C'est ce qu'il fit.

Que M. Turgot aurait été éloquent si, prenant l'œuvre de saint Louis et d'Étienne Boileau dans son esprit et dans sa vérité, il avait dit :

« Attendu que l'institution des corps d'arts et métiers date de 1260, et que l'organisation de leurs règlements a été basée sur les habitudes traditionnelles du commerce et du travail, habitudes qui existaient bien avant le règne du roi saint Louis;

» Attendu que, malgré les diverses modifications, développements et amendements qui ont été apportés depuis ce temps dans la constitution de ces communautés, tant pour leur bien que *pour autre effet*, il est constant que beaucoup de leurs us et coutumes ne sont plus déjà depuis longtemps en rapport avec le génie et les besoins de notre société moderne ;

» Attendu en outre que de graves abus ont été introduits dans ces communautés en dehors et au mépris de l'esprit libéral qui a présidé à leur institution première ;

» Par ces motifs, il y a lieu de les amender et de les réformer ;

» Convaincu de l'urgence de ce besoin, nous avons recherché le moyen d'arriver au meilleur résultat; en cet état, nous avons pensé qu'il y avait lieu de remonter à la source même de la création des règlements des corps d'arts et métiers, en reconnaissant que cette source, c'était *la Liberté;*

» Par ces motifs, décrète :

» Article premier. — Les corporations d'arts et métiers sont libres.

» Art. 2. — Chaque maître, compagnon ou apprenti en fait partie de droit, mais peut s'en retirer à volonté motivée.

» Art. 3 — Les syndics de toutes les corporations sont nommés en nombre égal de maîtres et de compagnons.

» Art. 4. — Le président des syndics de toutes les corporations sera de droit échevin de la ville ou du district dans laquelle ou dans lequel la corporation fonctionnera.

» Art. 5. — Les syndics sont renouvelables tous les ans et nommés à la majorité des voix de toute la corporation ; les syndics de chacune des communautés nomment leur échevin ou président également à la majorité.

» Art. 6. — Les syndics veillent aux intérêts généraux de toute leur corporation, et leur président, échevin de droit, veille, conjointement avec ses collègues, aux intérêts généraux de la ville ou du district dans lequel ils fonctionnent.

» Art. 7. — Les syndics de chaque corporation rédigeront les règlements qu'ils jugeront le mieux en rapport avec les besoins de leur commerce, de leurs industries et de leurs adhérents ; les échevins de la ville ou du district seront appelés à donner en corps leur avis et leur approbation à ces règlements avant qu'ils aient reçu la sanction du pouvoir.

» Art. 8. — Chaque maître ou compagnon peut, d'après les principes de la saine liberté, exercer autant de métiers et commerces qu'il le désire, dans toute l'étendue de la France ; mais il ne peut faire partie électoralement que d'une seule corporation, à son choix, et dans laquelle il votera seulement.

» Art. 9. — Pour être maître il faut posséder un brevet de capacité délivré dans des examens gratuits ayant lieu tous les six mois, et dont les examinateurs sont choisis par le syndicat de chaque corporation.

» Art. 10. — Pour être compagnon, il suffit d'avoir un brevet d'apprentissage signé par un maître breveté.

» Art. 11. — La durée des apprentissages est fixée, dans chaque corporation, à la majorité des voix de tous les maîtres et compagnons réunis, sur des limites *minima* et *maxima* arrêtées par les syndics de chaque communauté.

» Art. 12. — Les professions purement commerciales sont également admises à la maîtrise pour toutes les connaissances spéciales qui doivent être familières à chaque négociant ; mais, par respect pour la liberté devant protéger toutes les transactions, la maîtrise est conseillée sans être pour cela obligatoire. »

Voilà évidemment, en résumé, ce que l'intelligent et excellent Étienne Boileau aurait fait, sans aucun doute, s'il avait été à la place de Turgot; et saint Louis, le ferme et le vrai croyant saint Louis, à la place de l'honnête mais faible Louis XVI.

Voilà ce qui aurait représenté le développement intelligent de l'œuvre de Louis IX et le progrès général de l'humanité d'après les lois de la nature; mais Turgot voulait seulement le progrès de la classe à laquelle il apppartenait, en faisant vivre la société française sous les lois que la tête, c'est-à-dire les meneurs de cette classe, s'apprêtaient à lui donner.

*
* *

Voyons la situation de la France à l'époque où Turgot méditait et a commis cet acte si regrettable.

La Révolution se préparait; les abus observés dans les corporations ainsi que ceux qui se produisaient dans toutes les autres institutions de la vieille monarchie française la rendaient imminente, urgente, inévitable; elle pouvait être faite dans l'intérêt de tous, c'était l'esprit de 89; pour cela il ne fallait que verser à plein bord la liberté au milieu des communautés, tout en conservant le principe divin que saint Louis avait déposé en elles, c'est-à-dire celui de la fraternité rationnelle et pratique s'accomplissant tous les jours par le simple fonctionnement de l'association de tous les intérêts professionnels.

Turgot, en détruisant les corporations au lieu de les débarrasser de leurs abus par la liberté d'y entrer et d'en sortir à volonté motivée, a préparé évidemment la Révolution telle qu'elle a été faite, c'est-à-dire dans le seul intérêt de ses meneurs, lesquels, n'ayant plus devant eux les intérêts généraux groupés, organisés et associés, ont pu faire de la France ce qu'ils ont voulu.

91, 93 et les orgies criminelles commencées et continuées depuis thermidor jusqu'à brumaire n'auraient pas eu lieu si les corporations libres avaient existé sur toute l'étendue du territoire français.

Tout cela est donc bien l'œuvre de Turgot, et Louis XVI, en suivant ses conseils, a creusé de ses propres mains le précipice dans lequel il s'est perdu.

On est étonné aujourd'hui de la somme considérable d'adresse et d'affirmations spécieuses qu'il a fallu à Turgot pour décider Louis XVI à détruire le monument de la sagesse de ses aïeux, lequel monument était, sans contestation possible, la cause unique de la présence de sa famille sur le trône de France.

Il n'a pas fallu longtemps à Louis XVI pour voir le danger qui se dressait devant lui. La disgrâce de Turgot et le rétablissement des corporations survenus peu de temps après, en sont la preuve évidente; mais il était trop tard, l'effet était déjà produit. Il est donc inutile d'attribuer à une autre cause les résultats désastreux de toutes nos révolutions, ainsi que l'énormité de notre dette nationale et de nos monstrueux budgets.

⁂

Il est bien difficile de juger aujourd'hui si la division de la propriété opérée par la Révolution est préférable à son agglomération ; cependant je préfère résolûment la division actuelle pour la France,

Mais il y a ici, comme dans beaucoup de grandes questions, le pour et le contre.

L'Angleterre nous prouve que la grande propriété, loin d'être hostile aux progrès de toutes espèces, leur est au contraire favorable chez elle.

La grande propriété empêche, en Angleterre, les agiotages effrénés sur les biens et sur les produits de la terre les plus nécessaires à l'alimentation publique ; le cas des fortunes faites et défaites presque instantanément, dont nous avons en France pour ainsi dire tous les jours le désolant spectacle, devient difficile sinon impossible dans toute la Grande-Bretagne.

Par ce fait, toutes les bourses du Royaume-Uni rendent les mêmes services et produisent des résultats beaucoup moins désastreux que chez nous.

D'un autre côté, en Espagne ainsi que dans d'autres pays où la propriété est peu divisée, nous voyons clairement les mauvais résultats de ce différent état de choses ; il paraît désirable que dans ces contrées, par un moyen ou par un autre, la propriété soit considérablement divisée le plus tôt possible.

Dans toute la Péninsule, les produits du sol seraient en général beaucoup augmentés, améliorés, la sécurité publique et celle des relations commerciales mieux garanties, par l'établissement rationnel d'un nombre considérable de routes et canaux.

Tout cela sera difficilement obtenu en Espagne sans cette division de la propriété, laquelle, nuisible dans un pays, peut être salutaire dans un autre, ce qui revient à dire, d'après les lois d'harmonie naturelle, qu'il n'existe pas un système d'organisation sociale qui soit également applicable à toutes les nations, lesquelles ont chacune, comme les individus, leur tempérament, leur caractère, d'où dérivent leurs mœurs, leurs besoins et leurs aptitudes.

Quoi qu'il en soit, relativement aux biens nationaux dont la vente et le partage ont produit en France la plus grande division territoriale du monde entier, la chose est jugée, elle est passée depuis longtemps à l'état de fait accompli, et le milliard que le roi Charles X a fait payer par la France aux émigrés représente bien légalement le prix de la transaction qui a paru nécessaire pour éteindre le droit à toute réclamation dans l'avenir : celle-ci a donc été faite officiellement et même législativement entre tous les intéressés, par l'intermédiaire de la Chambre des députés de la nation française.

***

La sagesse dans le devoir consiste, selon moi, à prendre les choses telles que l'homme ou les sociétés les rencontrent sur le chemin de leurs existences ; mais ces dernières doivent employer toutes leurs forces et toute leur intelligence à les amender selon les moyens dont elles peuvent disposer pour atteindre ce but noble et utile.

C'est ainsi qu'à la place de Turgot j'aurais voulu améliorer et non détruire.

Mais je ne désire nullement aujourd'hui retourner en arrière, je veux avant tout être de mon temps. Aussi c'est en avant que je veux marcher; et si je jette un regard sur le passé, c'est pour mesurer l'étendue de la route parcourue par l'humanité et nous aider à voir d'un œil plus assuré le chemin qu'il nous reste encore à faire en avant afin de pouvoir aider à rétablir sûrement les relations des intérêts généraux entre les hommes et les mettre en harmonie avec les aspirations modernes.

Mais il me paraît utile, avant d'aller plus loin dans ces études sociales, de prouver ce que j'avance; pour cela je vais disséquer pour ainsi dire mot à mot toute la pensée de Turgot et l'extraire, pour la réfuter, des considérants de l'édit du 12 mars 1776, qui portait abrogation des corps d'arts et métiers.

Pour faciliter mon travail et mieux fixer l'attention du lecteur, je vais numéroter les vingt-neuf premiers paragraphes, qui contiennent les considérations générales du ministre de Louis XVI, et répondre pour ainsi dire phrase par phrase à ce document tissu d'erreurs et d'intentions despotiques, attentatoires à la véritable liberté, à l'indépendance et à la sécurité de toutes les classes de la société française.

II

RÉPONSES AUX VINGT-NEUF PREMIERS PARAGRAPHES DES CONSIDÉRATIONS GÉNÉRALES FORMULÉES PAR TURGOT EN TÊTE DE L'ÉDIT DU 12 MARS 1776 QUI ABOLIT LES CORPORATIONS D'ARTS ET MÉTIERS DE LA NATION FRANÇAISE.

PARAGRAPHE 1er.

Nous devons à tous nos sujets de leur assurer la jouissance pleine et entière de leurs droits; nous devons surtout cette protection à cette classe d'hommes qui, n'ayant de pro-

priété que leur travail et leur industrie, ont d'autant plus le besoin et le droit d'employer dans toute leur étendue les seules ressources qu'ils aient pour subsister.

Réponse au paragraphe 1er.

Les droits qui sont les seuls priviléges des masses, et sans lesquels tous les autres ne sont rien, sont les droits de réunion et d'association professionnelle que Turgot va détruire.

Pour arriver à ce résultat, il commence par donner le change sur ce qu'il médite; il va isoler les hommes les uns des autres, il va les jeter dans la lutte énervante de tous leurs intérêts, sans conciliation possible (l'organisation du travail n'existant plus), et il appelle pompeusement cette position déplorable pour les travailleurs honnêtes *l'assurance de la jouissance pleine et entière de leurs droits.*

Eh bien, je l'affirme énergiquement, ce droit, dont Turgot a doté tous les travailleurs, c'est le droit à l'isolement, c'est le droit à toutes les misères, c'est le droit au désespoir et à toutes ses conséquences, car c'est la discipline et la bonne organisation qui font la force de tous les régiments des soldats d'un pays, de même que celle de tous les régiments de ses travailleurs et commerçants.

Turgot a voulu détruire l'organisation des régiments du travail dans la personne des corps d'états et métiers.

Mais il n'a nullement parlé de détruire l'organisation des régiments de l'armée française; bien au contraire, ses successeurs et admirateurs ont rendu obligatoire le service militaire.

Cette manière d'agir semble manquer de logique, et celui qui n'est pas au courant des intentions se demande ingénument pourquoi Turgot a détruit d'un côté ce qu'il a conservé et fortifié de l'autre.

Voici l'explication :

L'une de ces forces, les corps d'états et métiers, auraient obligé les meneurs du tiers état à diriger la Révolution française dans l'intérêt du peuple des travailleurs, et les auraient empêchés par cela de la faire dans eur seul intérêt privé.

Tandis que la deuxième de ces forces, c'est-à-dire l'armée, allait protéger tous les projets de ces hommes politiques, toutes les corruptions et toutes les déprédations des thermidoriens et du Directoire, ainsi que toutes celles du règne du sabre qui en a été la suite logique et obligée.

En dehors des tristes conséquences de ces sordides intérêts, il est certain qu'en détruisant l'organisation générale de la plus nécessaire des grandes forces naturelles, c'est-à-dire celle de la production, Turgot a préparé tous les malheurs de la France, car cette dernière ne peut point se passer de sa grande organisation du travail avec et sous la protection de laquelle elle a vécu et grandi pendant six siècles.

PARAGRAPHE 2.

Nous avons vu avec peine les atteintes multipliées qu'ont données à ce droit naturel et commun des institutions anciennes, à la vérité, mais que ni le temps, ni l'opinion, ni les actes mêmes émanés de l'autorité, qui semble les avoir consacrées, n'ont pu légitimer.

Réponse au paragraphe 2.

Pour que l'isolement de tous les citoyens, après avoir perdu le droit de se réunir et de s'associer, soit (comme il est dit au deuxième paragraphe) *un droit naturel et commun*, il faudrait que les positions, les fortunes et même l'intelligence de tous les hommes fussent égales; sans cela le fort écrase le faible partout et toujours quand il le veut. C'est pour cela que le faible, sans aucun avenir et n'ayant d'autres perspectives que celles de la ruine et du malheur qui le menacent sans cesse par cela même qu'il se trouve sans appui, est toujours disposé à écouter les meneurs intéressés des partis politiques; voilà pourquoi le règne de l'individualisme a vu presque autant d'émeutes, de sociétés secrètes et de révolutions qu'il compte d'années d'existence.

PARAGRAPHE 3.

Dans presque toutes les villes de notre royaume, l'exercice des différents arts et métiers est concentré dans les mains d'un petit nombre de maîtres réunis en communauté, qui peuvent seuls, à l'exclusion de tous les autres citoyens, fabriquer ou vendre les objets de commerce particulier dont ils ont le privilége exclusif, en sorte que ceux de nos sujets qui, par goût ou par nécessité, se destinent à l'exercice des arts et métiers ne peuvent y parvenir qu'en acquérant la maîtrise à laquelle ils ne sont reçus qu'après des épreuves aussi longues et aussi nuisibles que superflues, et après avoir satisfait à des droits ou à des exactions multipliées par lesquelles une partie des fonds dont ils auraient eu besoin pour monter leur commerce ou leur atelier, ou même pour subsister, se trouve consommée en pure perte.

Réponse au paragraphe 3.

Turgot a raison ici; mais si je lui donne raison c'est pour mieux démontrer ses torts. En effet, la difficulté de devenir maître étant devenue un mal, il fallait alors qu'il rendît les maîtrises libres, qu'il limitât leur obtention à un simple brevet de capacité; par ce moyen, ce qui était injuste serait devenu juste, et par le brevet de capacité l'émulation des travailleurs eût été conservée et même stimulée.

Ce moyen me paraît plus simple et plus équitable que celui qui consiste à détruire tout à la fois le bon et le mauvais d'une institution, alors que cette institution possède en faveur de son principe l'approbation des siècles passés.

PARAGRAPHE 4.

Ceux dont la fortune ne peut suffire à ces pertes sont réduits à n'avoir qu'une subsistance précaire sous l'empire des maîtres, à languir dans l'indigence ou à porter hors de leur patrie une industrie qu'ils auraient pu rendre utile à l'État.

Réponse au paragraphe 4.

Turgot est dans l'erreur encore ici.

Les industriels français n'ont quitté leur patrie qu'à l'époque et à l'occasion de la révocation de l'édit de Nantes, et chacun sait que ce n'est pas la difficulté d'obtenir la maîtrise qui a produit ces émigrations.

PARAGRAPHE 5.

Toutes les classes de citoyens sont privées du droit de choisir les ouvriers qu'ils voudraient employer et des avantages que leur donnerait la concurrence pour le bas prix et la perfection du travail. On ne peut souvent exécuter l'ouvrage le plus simple sans recourir à plusieurs ouvriers de communautés différentes, sans essuyer les lenteurs, les infidélités, les exactions que nécessitent ou favorisent les prétentions de ces différentes communautés et les caprices de leur régime arbitraire et intéressé.

Réponse au paragraphe 5.

Tout cela est vrai; mais c'est LE POUVOIR, ce sont les surintendants et les ministres des finances, qui depuis deux siècles, pour obtenir de l'argent, ont multiplié à l'infini les charges des anciens métiers, ainsi que celles de ceux qu'ils ont vendus depuis.

Tout cela aurait dû être libre, depuis longtemps les titulaires devaient être indemnisés, et tout aurait été dit; mais il fallait que l'œuvre de saint Louis fût conservée, c'est-à-dire l'association professionnelle, laquelle, de belle et utile qu'elle était, serait devenue resplendissante avec la liberté, c'est-à-dire quand elle aurait été délivrée des mille entraves établies par la cupidité contrairement à l'esprit du principe fécond qui avait présidé à son organisation.

PARAGRAPHE 6.

Ainsi, les effets de ces établissements sont, à l'égard de l'État, une diminution inappréciable de commerce et de travaux industrieux; à l'égard d'une nombreuse partie de nos sujets, une perte de salaires et de moyens de subsistance; à l'égard des habitants des villes, en général, l'asservissement à des priviléges exclusifs dont l'effet est absolument analogue à celui d'un monopole effectif, monopole dont ceux qui l'exercent contre le public, en travaillant et vendant, sont eux-mêmes les victimes dans tous les moments où ils ont, à leur tour, besoin des marchandises ou du travail d'une autre communauté.

Réponse au paragraphe 6.

Rien ne me paraît plus subtil et moins sérieux que ce paragraphe.

Turgot dit que la perte des priviléges sera remplacée

pour tous par les produits usuels de la vie de chacun, qui seront, selon lui, à meilleur marché.

Mais alors où est le bénéfice de ces prétendues réformes !

Il fait perdre d'un côté, et il promet des bénéfices de l'autre ; c'est un leurre.

Pourquoi ne pas décréter la liberté générale du commerce et de l'industrie sous la protection des syndicats des corps d'arts et métiers prenant leurs décisions à la majorité des voix ?

Turgot avait là l'occasion de créer d'un seul coup la vraie liberté et la pratique honnête du suffrage universel basé sur la profession.

PARAGRAPHE 7.

Ces abus se sont introduits par degrés ; ils sont originairement l'ouvrage de l'intérêt des particuliers qui les ont établis contre le public ; c'est après un long intervalle de temps que l'autorité, tantôt surprise, tantôt séduite par une apparence d'utilité, leur a donné une sorte de sanction.

Réponse au paragraphe 7.

L'autorité n'a jamais été surprise, car c'est elle qui, en multipliant à l'infini la vénalité des charges professionnelles, a été la cause première de tous les abus, sans distinction ; au surplus, puisque ces abus existaient, il fallait les supprimer, mais non pas détruire l'institution elle-même.

PARAGRAPHE 8.

La source du mal est dans la faculté même accordée aux artisans d'un même métier de s'assembler et de se réunir en un corps.

Réponse au paragraphe 8.

Turgot devait être bien sûr d'avance de sa victoire pour démasquer ses intentions aussi ouvertement qu'il le fait dans ce paragraphe ; il avoue ici, implicitement, que les abus ne sont encore qu'un détail pour lui, car, dans sa pensée, la source du mal est tout entière dans le droit d'association professionnelle ; c'est celui-là qu'il veut tuer et qu'il tuera, c'est à l'œuvre de saint Louis qu'il s'attaque, et il veut que ce soit un des héritiers et des successeurs de ce grand roi qui en prononce la sentence de mort.

PARAGRAPHE 9.

Il paraît que lorsque les villes commencèrent à s'affranchir de la servitude féodale et à se former en communes, la facilité de classer les citoyens par le moyen de leur profession introduisit cet usage inconnu jusqu'alors. Les différentes professions devinrent ainsi comme autant de communautés particulières dont la communauté générale était composée. Les confréries religieuses, en resserrant encore les liens qui unissaient les personnes d'un même État, leur donnèrent des occasions plus fréquentes de s'assembler et de s'occuper, dans ces assemblées, de l'intérêt commun des membres de la société particulière, qu'elles poursuivirent avec une activité continue au préjudice des intérêts de la société générale.

Réponse au paragraphe 9.

Turgot n'était pas aussi ignorant qu'il voulait bien le paraître pour les besoins de sa cause. Il savait très-bien, comme tout homme érudit, que tous les souverains législateurs de l'extrême antiquité, ainsi que ceux du monde grec et romain, avaient, comme saint Louis, organisé le travail d'après les habitudes traditionnelles de leurs peuples.

Salomon est, de tous les souverains légendaires, celui dont l'œuvre organisatrice du travail nous est la plus connue et la plus familière. En effet, Salomon a réuni en règlements les us et coutumes de tous les corps de métiers de son époque, et plus particulièrement de ceux qui avaient travaillé à son temple, ainsi qu'à tous les autres monuments qu'il avait érigés pendant sa vie pour perpétuer le souvenir de son règne et de sa gloire.

Maître Jacques, dont le nom est encore vénéré dans le compagnonnage et dans la maçonnerie, a été l'Étienne Boileau du grand Salomon.

Plutarque constate que l'établissement qui a fait le plus d'honneur à Numa Pompilius, c'est la division qu'il fit du peuple par arts et métiers. Plutarque ajoute : « Il réunit en un seul corps tous les artisans d'un même métier et institua des fêtes, des assemblées et des cérémonies de religion convenant à chacun de ces corps » (1).

Turgot savait très-bien tout cela ; il savait aussi que toutes les légendes de l'histoire, dans les siècles, prouvent que le travail, librement réglementé d'après les coutumes consacrées par le temps, a fondé les bases civiles des gouvernements de tous les peuples à la suite de leurs époques conquérantes.

Turgot savait encore aussi bien que nous qu'Alexandre Sévère a réorganisé, fait renouveler et reviser tous les règlements traditionnels des corps d'arts et métiers de l'empire romain, qui existaient depuis sa fondation.

Il est même certain que les us et coutumes des corps d'arts et métiers recueillis et régularisés par Étienne Boileau, sur les ordres de saint Louis, étaient à peu près

(1) *Vie de Numa*, ch. XXII.

les mêmes que ceux de l'empire romain après la révision opérée par les ordres d'Alexandre Sévère et de sa régence.

Il est facile, d'après ce qui précède, de donner une juste qualification à l'étonnant « *il paraît* » qui commence le paragraphe 9 des considérants de Turgot. De plus, il résulte de tout ceci que si, comme le dit Turgot, les corps d'arts et métiers ne se réunissent que dans le but de *nuire à la société générale*, il y a longtemps que cela est ainsi, parce que tous les peuples ont trouvé bon et dans leur intérêt le mieux entendu que cela soit.

En plus, il est démontré que tous les plus grands souverains dont l'histoire s'honore de garder le souvenir ont prêté la main à leur organisation, qu'ils ont tous considérée avec raison comme la seule base large et solide de toute société qui veut exister avec l'*ordre* et le rangement introduit et pratiqué dans toutes les relations sociales de ses membres.

PARAGRAPHE 10.

Les communautés, une fois formées, rédigèrent des statuts, et, sous différents prétextes de bien public, les firent autoriser par la police.

Réponse au paragraphe 10.

Ce paragraphe de Turgot prouve que l'injuste haine de la police protectrice que professent malheureusement toutes les populations des grandes villes de France depuis la grande révolution, était déjà une des armes employées par les hommes qui dirigeaient le tiers état.

En outre, cette police du moyen âge dénoncée par Turgot n'existait même pas au moment où les corps d'états et métiers ont été établis par saint Louis.

Quand, plus tard, la police a été organisée, elle n'a

jamais eu rien de commun avec les associations professionnelles, lesquelles représentaient alors un des plus grands corps constitués de l'État, et certainement le plus nombreux, car tous les artisans de la France en faisaient forcément partie d'après les édits de 1581 et 1597.

Le vrai, c'est que jamais la police ne s'est occupée des règlements des corps d'arts et métiers; ce sont au contraire ceux-ci qui ont fait pendant des siècles la police de nuit dans Paris, sous le nom de guet.

Ce sont les rois de France, avec leurs prévôts des marchands, qui de tout temps, depuis saint Louis, se sont occupés des intérêts du commerce, du travail et de l'approbation des statuts et règlements des corps d'arts et métiers de la nationalité française.

PARAGRAPHE 11.

La base de ces statuts est d'abord d'exclure du droit d'exercer le métier quiconque n'est pas membre de la communauté; leur esprit général est de restreindre, le plus qu'il est possible, le nombre des maîtres, de rendre l'acquisition de la maîtrise d'une difficulté presque insurmontable pour tout autre que pour les enfants des maîtres actuels. C'est à ce but que sont dirigées la multiplicité des frais et des formalités de réception, les difficultés du chef-d'œuvre, toujours jugé arbitrairement; surtout la cherté et la longueur inutile des apprentissages, et la servitude prolongée du compagnonnage, institutions qui ont encore pour objet de faire jouir les maîtres, gratuitement, pendant plusieurs années, du travail des aspirants.

Réponse au paragraphe 11.

Ce que Turgot et ses amis ont fait de plus odieux, c'est qu'ils ont rétabli, petit à petit, à leur profit, tous les abus qu'ils ont si amèrement reprochés aux anciennes corporations.

En effet, Turgot reproche ici aux communautés de rendre la maîtrise presque inabordable pour tout autre que pour les enfants des maîtres actuels.

Les maîtres de la corporation gouvernementale créée par Turgot et ses amis, sur les ruines de toutes les autres, ne se font pas faute depuis quatre-vingts ans de conserver leurs places pour leurs seuls enfants, et cela à l'exclusion de tous les autres hommes de mérite ; ils font ainsi exactement comme les anciens maîtres des corps d'arts et métiers, ils obéissent à la loi naturelle en protégeant leur famille ; il est seulement regrettable que cela ait été et soit encore possible.

Voilà où est tout le mal.

Malgré cela, la base de ces statuts était très-équitable (contrairement à ce que dit Turgot), elle avait pour but de fonder l'honnêteté dans le travail et dans le commerce, de faire progresser les membres associés de toutes les manières, par l'instruction et l'apprentissage, par l'émulation et le respect de la tradition, etc.

L'on ne pouvait pas être maître sans avoir donné des preuves de capacité, de moralité, et sans avoir produit un chef-d'œuvre.

En cela je suis encore de l'avis de Léon de Laborde, lorsqu'il s'écrie dans son Rapport sur l'Exposition universelle de 1851 : « Le beau mal d'empêcher les ignorants de s'établir et de faire souche ! »

Turgot n'a garde de parler d'Étienne Boileau, le grand, l'honnête prévôt des marchands du roi saint Louis, car Étienne Boileau, dans la préface de son *Livre des métiers*, a répondu d'avance à Turgot, à six siècles de distance, encore plus victorieusement que ne l'a fait l'avocat général Séguier.

Enfin, à ce paragraphe, comme à presque tous les autres, il y a toujours cette réponse topique et irréfutable à faire : au lieu de détruire, il fallait améliorer ; il fallait rendre libre, il fallait trancher tous les liens qui embarrassaient, comme autant d'entraves, la marche des corporations, et l'on peut ajouter, comme exemple : Quand vos arbres sont couverts de chenilles, les coupez-vous pour cela ? Non, vous faites ôter les chenilles, et vos arbres, ainsi soulagés, reprennent leur vigueur et vous donnent les fruits pour lesquels vous les cultivez. N'est-ce pas là l'image fidèle des corps d'arts et métiers et de leurs abus à l'époque de Turgot !

Il est impossible, en examinant scrupuleusement les faits, de ne pas se demander pourquoi Turgot n'a pas fait pour les corporations une chose identique à ce qui est dit ci-dessus, c'est-à-dire pourquoi il n'a pas rendu toutes les corporations libres, en les débarrassant de leurs abus, et surtout pourquoi la royauté ne lui a pas imposé le devoir de le faire, puisque son existence même dépendait de la conservation de cette unique base sociale de la France.

PARAGRAPHES 12, 13 ET 14.

Les communautés s'occupèrent surtout d'écarter de leur territoire les marchandises et les ouvrages des forains ; elles s'appuyèrent sur le prétendu avantage de bannir du commerce des marchandises qu'elles supposaient être mal fabriquées. Ce motif les conduisit à demander pour elles-mêmes des règlements d'un nouveau genre, tendant à prescrire la qualité des matières premières, leur emploi et leur fabrication. Ces règlements, dont l'exécution fut confiée aux officiers des communautés, donnèrent à ceux-ci une autorité qui devint un moyen, non-seulement d'écarter plus sûrement les forains, sous prétexte de contravention, mais encore d'assujettir les maîtres mêmes de la communauté à l'empire des chefs, et de les forcer, par la crainte d'être poursuivis pour des contraventions supposées, à ne jamais séparer leur intérêt de celui de l'association, et, par conséquent, à se rendre complices de toutes les manœuvres inspirées par l'esprit de monopole aux principaux membres de la communauté.

Parmi les dispositions déraisonnables et diversifiées à l'infini de ces statuts, mais toujours dictées par le plus grand intérêt des maîtres de chaque communauté, il en est qui excluent entièrement tous autres que les fils des maîtres ou ceux qui épousent des veuves des maîtres; d'autres rejettent tous ceux qu'ils appellent étrangers, c'est-à-dire ceux qui sont nés dans une autre ville.

Dans un grand nombre de communautés, il suffit d'être marié pour être exclu de l'apprentissage et par conséquent de la maîtrise. L'esprit de monopole qui a présidé à la confection de ces statuts, a été poussé jusqu'à exclure les femmes des métiers les plus convenables à leur sexe, tels que la broderie, qu'elles ne peuvent exercer pour leur propre compte.

Réponse aux articles 12, 13 et 14.

Mêmes réponses pour les abus que dans la réponse au paragraphe 11. Mais il est bon de réfuter une erreur que commet ici Turgot, et pourtant il avoue lui-même plus loin, au paragraphe 19, que depuis 1581 tous les artisans français sont assujettis à la maîtrise et à la jurande; alors, que peuvent signifier les exclusions de toutes sortes qu'il signale dans ces trois paragraphes? Les corporations étaient fondées depuis six siècles par ville et par district; les charges et impôts de chaque ville et district leur incombant, il était bien juste que ceux qui avaient seuls les charges eussent *aussi seuls les bénéfices ou les avantages* de l'exploitation. Cela, du reste, représentait des conventions séculaires qu'il était certainement bon d'améliorer mais non de détruire.

Mais alors pourquoi le savant, l'inventeur des réformes n'a-t-il pas trouvé l'égalité dans l'assiette de l'impôt mise à côté de l'égalité dans toutes les spéculations du commerce et du travail ?

Un proverbe dit : « Quand on veut tuer un chien, on fait courir le bruit qu'il est galeux ». Or, Turgot, voulant tuer le principe divin de l'association professionnelle, devint, pour arriver à ce but, un calomniateur spécieux de la pire espèce, c'est-à-dire de celle qui se couvre du manteau de la philanthropie.

PARAGRAPHE 18.

Nous ne poursuivrons pas plus loin l'énumération des dispositions bizarres, tyranniques, contraires à l'humanité et aux bonnes mœurs, dont sont remplis ces espèces de codes obscurs, rédigés par l'avidité, adoptés sans examen dans des temps d'ignorance, auxquels il n'a manqué, pour être l'objet de l'indignation publique, que d'être connus.

Réponse au paragraphe 18.

Ces codes, que Turgot qualifie de tyranniques, d'obscurs et de bizarres, étaient l'œuvre de la sagesse et de l'expérience des temps ; les coutumes et les détails en étaient surannés sans aucun doute, mais il ne fallait que les habiller à neuf, selon les convenances de l'époque, car le principe en était d'autant plus excellent, qu'il n'en existe pas d'autre pour régler la marche du progrès dans toutes choses ; car les principes de l'association et de la solidarité que les corps d'arts et métiers contenaient découlent directement des lois par lesquelles la nature entière se ment, travaille et produit toutes les choses qui constituent la vie universelle.

PARAGRAPHES 16, 17 ET 18.

Ces communautés parvinrent cependant à faire autoriser dans toutes les villes principales leurs statuts et leurs privilèges, quelquefois par des lettres de nos prédécesseurs, obtenues sous différents prétextes ou moyennant finance et dont on leur a fait acheter la confirmation de règne en règne, souvent par des arrêts de nos cours, quelquefois par de simples jugements de police ou même par le seul usage.

Enfin, l'habitude prévalut de regarder ces entraves mises à l'industrie comme un droit commun.

Le gouvernement s'accoutuma à se faire une ressource de finance des taxes imposées sur ces communautés et de la multiplication de leurs priviléges.

Réponse aux paragraphes 16, 17 et 18.

Dans ces trois paragraphes, Turgot se montre d'une mauvaise foi qui dépasse toutes les bornes ; il attribue résolûment aux communautés ce qui fut constamment et uniquement le fait du pouvoir.

Au lieu de n'avoir exclusivement en vue que l'intérêt général, le pouvoir, depuis deux siècles, avait frappé d'impôts de toute sortes les corporations et leurs membres les plus riches ; c'était, il est vrai, toujours en leur offrant quelque chose en retour, ou en fermant volontairement les yeux sur les abus.

Tout le monde sait que les abus se développent partout où il y a des hommes et où le pouvoir trouve son intérêt à ne point vouloir les voir.

Turgot pouvait détruire tous les abus en remboursant dans une certaine mesure ceux ou les héritiers de ceux qui avaient acheté les priviléges abusifs, et le problème eût été ainsi résolu honnêtement et simplement sans commettre l'attentat si regrettable qui a tant concouru à affaiblir et à corrompre notre pays tant à l'intérieur qu'à l'extérieur.

Ensuite, quand Turgot appelle, dans son paragraphe 17, le droit d'association *une entrave*, c'est tenir pour peu de chose l'intelligence des hommes auxquels il s'adresse, à moins que cette entrave ne soit, dans sa pensée, celle que la tête du tiers état redoutait tant comme devant arrêter l'essor de ses ambitieux projets.

Le paragraphe 18 démontre clairement la cause de la protection des abus : Turgot en accuse ouvertement le gouvernement, sans paraître voir que par cela il donne lui-même tort à la majorité de tous ses arguments.

PARAGRAPHE 19.

Henri III donna, par son édit de décembre 1581, à cette institution l'étendue et la forme d'une loi générale. Il établit les arts et métiers en corps et communautés dans toutes les villes du royaume. Il assujettit à la maîtrise et à la jurande tous les artisans. L'édit d'avril 1597 en aggrava encore les dispositions, en assujettissant tous les marchands à la même loi que les artisans. L'édit de mars 1673, purement bursal, en ordonnant l'exécution des deux précédents, a ajouté au nombre des communautés déjà existantes d'autres communautés jusqu'alors inconnues.

Réponse au paragraphe 19.

Turgot avoue que, depuis deux siècles, tous les artisans de la France entière font partie des corporations. S'il en est ainsi, où donc trouve-t-il cette partie de la population qui est constamment la victime des spéculations des corps d'arts et métiers ?

La réponse se fait d'elle-même : puisque tout le monde en fait partie, les pertes que chacun fait, selon Turgot, sont balancées par ses bénéfices. C'est surtout de ce fait que ressort l'équité des associations générales, et c'est ainsi que Turgot se réfute constamment lui-même.

PARAGRAPHE 20 ET 21.

La finance a cherché de plus en plus à étendre les ressources qu'elle trouvait dans l'existence de ces corps. Indépendamment des taxes des établissements de communautés et de maîtrises nouvelles, on a créé dans les communautés des offices sous différentes dénominations, et on les a obligées de racheter ces offices au moyen d'emprunts qu'elles ont été autorisées à contracter et dont elles ont payé les intérêts avec le produit des gages et des droits qui leur ont été aliénés.

C'est sans doute l'appât de ces moyens de finance qui a prolongé l'illusion sur le préjudice immense que l'existence des communautés cause à l'industrie et sur l'atteinte qu'elle porte au droit naturel.

Réponse aux paragraphes 20 et 21.

Mêmes réponses à faire que celle faite au paragraphe 18.

PARAGRAPHES 22 ET 23.

Cette illusion a été portée chez quelques personnes jusqu'au point d'avancer que le droit de travailler était un droit royal que le prince pouvait vendre et que les sujets devaient acheter.

Nous nous hâtons de rejeter une pareille maxime.

Réponse aux paragraphes 22 et 23.

Je repousse aussi une pareille maxime, mais alors pourquoi ne pas laisser les travailleurs s'associer librement ?

Mais ce que dit ici Turgot quand il blâme la coutume de vendre le droit de travailler est encore une erreur, car lui et les siens n'ont jamais repoussé cette maxime qu'en théorie ; aussitôt qu'ils ont été en possession du pouvoir, ils se sont hâtés de vendre le droit de travailler, comme ils ont vendu toutes choses à leur profit, en décrétant la loi des patentes.

PARAGRAPHE 24.

Dieu, en donnant à l'homme des besoins, en lui rendant nécessaire la ressource du travail, a fait du droit de travailler la propriété de tout homme, et cette propriété est la première, la plus sacrée et la plus imprescriptible de toutes.

Réponse au paragraphe 24.

Les principes contenus dans ce paragraphe sont absolument les miens, comme ils sont ceux de tous les honnêtes gens ; mais puisque Turgot les affichait, pourquoi ne s'est-il pas servi honnêtement de ses nobles pensées, et pourquoi, en leur nom, a-t-il osé détruire le seul et unique émancipateur des masses, c'est-à-dire l'organisation du travail par les associations professionnelles ?

PARAGRAPHE 25.

Nous regardons comme un des premiers devoirs de notre justice et comme un des actes les plus dignes de notre bienfaisance, d'affranchir nos sujets de toutes les atteintes portées à ce droit inaliénable de l'humanité. Nous voulons, en conséquence, abroger ces institutions arbitraires qui ne permettent pas à l'indigent de vivre de son travail; qui repoussent un sexe à qui sa faiblesse a donné plus de besoins et moins de ressources, et semblent, en le condamnant à une misère inévitable, seconder la séduction et la débauche; qui éloignent l'émulation et l'industrie, et rendent inutiles les talents de ceux que les circonstances excluent de l'entrée d'une communauté; qui privent l'État et les arts de toutes les lumières que les étrangers y apporteraient; qui retardent le progrès des arts par les difficultés multipliées que rencontrent les inventeurs, auxquels différentes communautés disputent le droit d'exécuter des découvertes qu'elles n'ont point faites; qui, par les frais immenses que les artisans sont obligés de payer pour acquérir la faculté de travailler, par les exactions de toute espèce qu'ils essuient, par les saisies multipliées pour de prétendues contraventions, par les procès interminables qu'occasionnent entre toutes ces communautés leurs prétentions respectives sur l'étendue de leurs priviléges exclusifs, surchargent l'industrie d'un impôt énorme, onéreux aux sujets, sans aucun fruit pour l'État; qui, enfin, par la facilité qu'elles donnent aux membres des communautés de se liguer entre eux, de forcer les membres les plus pauvres à subir la loi des riches, deviennent un instrument de monopole, et favorisent des manœuvres dont l'effet est de hausser, au-dessus de leur proportion naturelle, les denrées les plus nécessaires à la subsistance du peuple.

Réponse au paragraphe 25.

Il n'est guère possible d'ôter le pain, la sécurité, l'assurance du lendemain et l'avenir d'instruction, d'indépendance et de bien-être que les associations professionnelles donnaient à tous les ouvriers par le travail associé dans tous ses intérêts généraux, avec des paroles plus mielleuses et plus trompeuses que celles-là.

PARAGRAPHE 20.

Nous ne serons point arrêté dans cet acte de justice par la crainte qu'une foule d'artisans n'usent de la liberté rendue à tous pour exercer des métiers qu'ils ignorent et que le public ne soit inondé d'ouvrages mal fabriqués. La liberté n'a point produit ces fâcheux effets dans les lieux où elle est établie depuis longtemps. Les ouvriers des faubourgs et des autres lieux privilégiés ne travaillent pas moins bien que ceux de l'intérieur de Paris. Tout le monde sait d'ailleurs combien la police des jurandes, quant à ce qui concerne la perfection des ouvrages, est illusoire, et que tous les membres des communautés étant portés par l'esprit de corps à se soutenir les uns les autres, un particulier qui se plaint se voit presque toujours condamné et se lasse de poursuivre de tribunaux en tribunaux une justice plus dispendieuse que l'objet de sa plainte.

Réponse au paragraphe 20.

La liberté, dans l'acception que Turgot donne ici à ce mot, est justement une des franchises que je désire et que je ne redoute pas. Mais pourquoi vouloir aveugler cette liberté en lui ôtant son principe protecteur, initiateur et réglementateur, c'est-à-dire le principe sur lequel est fondée l'association professionnelle fonctionnant par la volonté de tous ses membres nommant leurs syndics, c'est-à-dire leurs patriarches, pour diriger tous leurs intérêts?

Turgot pense aussi que la destruction des corporations va éteindre en grande partie les procès du commerce et du travail. On a vu les résultats, qui n'ont certes pas répondu à cet espoir; l'individualisme, né de cette destruction, a centuplé le nombre des procès, par suite de la lutte qui s'est établie entre tous les intérêts par l'isolement des citoyens les uns des autres, sans avoir pour contre-poids le principe conciliateur de l'association.

Turgot a ainsi créé le *diviser pour régner*, axiome dont tous les pouvoirs ont profité et dont ils ont si largement usé depuis.

PARAGRAPHE 27

Ceux qui connaissent la marche du commerce savent aussi que toute entreprise importante de trafic ou d'industrie exige le concours de deux espèces d'hommes : d'entrepreneurs qui font les avances des matières premières, des ustensiles nécessaires à chaque commerce, et de simples ouvriers qui travaillent pour le compte des premiers, moyennant un salaire convenu. Telle est la véritable origine de la distinction entre les entrepreneurs ou maîtres et les ouvriers ou compagnons, laquelle est fondée sur la nature des choses et ne dépend point de l'institution arbitraire des jurandes. Certainement ceux qui emploient dans un commerce leurs capitaux ont le plus grand intérêt à ne confier leurs matières qu'à de bons ouvriers, et on ne doit pas craindre qu'ils en prennent au hasard de mauvais qui gâteraient la marchandise et rebuteraient les acheteurs. On doit présumer aussi que les entrepreneurs ne mettront pas leur fortune dans un commerce qu'ils ne connaîtraient point assez pour être en état de choisir les bons ouvriers et de surveiller leur travail. Nous ne craindrons donc point que la suppression des apprentissages, des compagnonnages et des chefs-d'œuvre, expose le public à être mal servi. Nous ne craindrons pas non plus que l'affluence subite d'une multitude d'ouvriers nouveaux ruine les anciens, et occasionne au commerce une secousse dangereuse.

Réponse au paragraphe 27.

Ce paragraphe semble prévoir et prédire les grèves qui ont fait tant de mal à l'industrie dans ces derniers temps.

La querelle entre le capital et le travail, qui est la cause foncière et latente de toutes nos émeutes et de toutes nos révolutions, est aussi celle de la profonde division qui existe entre les diverses classes de la société, division qui va toujours en augmentant et en s'aggravant.

Turgot semble prévoir tout cela, mais en comprenant dans le sens du bien les principes qui sont au contraire ceux du mal.

La sagesse des nations a créé un proverbe qui s'impose rien qu'en s'énonçant, ce proverbe dit : L'union fait la force.

Malheureusement pour la France, Turgot avait compris que c'était l'isolement qui devait faire la force, et c'est cet isolement général qu'il appelle sans vergogne la liberté.

PARAGRAPHE 28.

Dans les lieux où le commerce est le plus libre, le nombre des marchands et des ouvriers de tout genre est toujours limité et nécessairement proportionné aux besoins, c'est-à-dire à la consommation. Il ne passera point cette proportion dans les lieux où la liberté sera rendue : aucun nouvel entrepreneur ne voudrait risquer sa fortune en sacrifiant ses capitaux à un établissement dont le succès pourrait être douteux, et où il aurait à craindre de tous les maîtres actuellement établis et jouissant de l'avantage d'un commerce monté et achalandé.

Réponse au paragraphe 28.

Ce paragraphe ne renferme, comme on le voit, que des lieux communs sans aucune signification.

PARAGRAPHE 29.

Les maîtres qui composent actuellement les communautés, en perdant le privilége exclusif qu'ils ont comme vendeurs, gagneront comme acheteurs à la suppression du privilége exclusif de toutes les autres communautés ; les artisans y gagneront l'avantage de ne plus dépendre, dans la fabrication de leurs ouvrages, des maîtres de plusieurs autres communautés, dont chacune réclamait le privilége de fournir quelques pièces indispensables ; les marchands y gagneront de pouvoir vendre les assortiments accessoires à leur principal commerce ; les uns et les autres y gagneront surtout de n'être plus dans la dépendance des chefs et des officiers de leur communauté, de n'avoir plus à payer des droits de visite fréquents, d'être affranchis d'une foule de contributions pour des dépenses inutiles ou nuisibles, frais de cérémonies, de repas, d'assemblées et de procès aussi frivoles par leur objet que ruineux par leur multiplicité.

Réponse au paragraphe 29.

Voici, pour clore la série de mes réfutations, le sophisme le plus naïf avancé par Turgot ; c'est son *dada*, il l'enfourche complaisamment plusieurs fois dans ses considérants, mais nulle part ailleurs il ne lui accorde des explications aussi complètes que dans ce paragraphe-ci.

Voici la substance de cette manière de voir erronée :

D'un côté, il avoue que, par les édits de 1581, de 1597 et de 1673, l'universalité des artisans de toute la France fait forcément partie des corporations ; d'un autre côté, il veut absolument qu'une partie de la population souffre horriblement du fonctionnement de ces institutions, qui doivent, à cause de ces souffrances, être détruites immédiatement ; puis enfin, voyant que son raisonnement ne peut se tenir debout entre ces deux arguments qui se détruisent en se contredisant, il en établit ici un autre qu'il croit plus triomphant.

Il console les membres des corporations des pertes qu'ils vont tous subir en perdant leurs priviléges et le droit d'association, en leur promettant toutes les marchandises à bon marché; mais on se demande au détriment de qui va donc se produire ce bon marché général?

A cette question il n'y a qu'une réponse à faire, et cette réponse, la voici :

Consultez les statistiques, et vous verrez que tous les produits du travail et de l'industrie ont en général *quadruplé* de valeur depuis le temps de Turgot; mais ce sont surtout les produits qui ont été fabriqués par ces maudites corporations dont la valeur a augmenté. Pour ceux-là c'est *centuplé* qu'il faut dire, car aujourd'hui on les couvre littéralement d'or dans les ventes publiques.

C'est ce fait incontestable et connu de tout le monde qui a été la première protestation générale découlant de la force même des choses; elle semble avoir été formulée généralement par l'opinion publique contre l'œuvre désorganisatrice de cet homme d'État qui s'appelait Turgot.

DEUXIÈME POINT

QUELQUES MOTS SUR LA CORPORATION GOUVERNEMENTALE.

Saint Paul écrivait aux Thessaloniciens :

« Alors paraîtra ce MÉCHANT, que le Seigneur détruira » par le souffle de sa bouche et qu'il abolira par l'éclat » de son avénement. »

Voici comment j'explique ces paroles :

Du temps de saint Paul, les Juifs attendaient déjà une organisation sociale basée sur les professions.

Salomon avait été pour ce peuple ce que saint Louis a été depuis pour la France. C'est-à-dire que Salomon en Judée a, comme saint Louis en France, organisé régulièrement les arts et métiers, qu'il a réunis par corps spéciaux.

Les premiers d'entre les Juifs qui avaient été émancipés par le travail, et surtout avec le commerce organisé par le roi Salomon, avaient formé dans la suite une Physiocratie sociale, ayant exactement les mêmes résultats désastreux pour le peuple juif que celle qui a été organisée en France par les constituants de 1791.

Voilà pourquoi je trouve très-clairvoyants ceux qui affirment que, si Jésus-Christ revenait sur terre pour remplir en France la même mission sociale que celle qu'il a tenté d'accomplir en Judée, la Physiocratie française le persécuterait matériellement et le crucifierait, au moins moralement.

Ce sont certainement les physiocrates juifs continuant le principe du mandarinat oriental et gouvernant à leur profit comme ceux de notre époque, en vivant dans un luxe asiatique, que Jésus appelait SCRIBES ET PHARISIENS, hypocrites et races de vipères, et qu'il comparait socialement à des sépulcres blanchis!

En effet, les Physiocrates juifs ont vu périr la nationalité israélite que leurs égoïstes institutions sociales ont tuée.

Le *Méchant*, c'est donc le règne de la Physiocratie, prévu par saint Paul, que la France subit depuis quatre-vingts ans.

L'avénement qui doit abolir le méchant, c'est le règne rédempteur de la Famille professionnelle.

⁂

Les mêmes causes produisent fatalement en tout et partout les mêmes effets. Ceci est une des conditions essentielles de l'immuabilité de Dieu.

Afin de continuer l'étude des causes de la faiblesse de notre organisation sociale actuelle. — Je dis :

La société française vit depuis plus de trois quarts de siècle sous le système social appelé l'Individualisme.

Ce système est le résultat despotique de la période philosophique du XVIIIe siècle; c'est pourquoi il est appelé scientifiquement la Physiocratie.

Les trois hommes qui ont en apparence aidé le plus puissamment à l'établissement de ce système social sont Turgot, Sieyès et le constituant Chapelier.

Pour la clarté de mes démonstrations, je vais choisir dans les paroles de ces trois hommes celles qui expliquent le mieux les intentions qui les animaient et le moyen radical dont ils se sont servis pour faire réussir leurs projets.

Ce moyen, sans la réussite duquel leurs despotiques projets n'auraient pas pu aboutir, a consisté dans la destruction des droits d'association et de réunion professionnelle, destruction qu'ils ont fait suivre de l'anéantissement et de la ruine des corps d'arts et métiers.

***

1° Comme nous l'avons vu, Turgot a dit, dans les considérants de l'édit du 12 mars 1776, qui supprime les corporations :

« *La source du mal est dans la faculté même accordée aux » artisans d'un même métier de pouvoir se réunir en un » corps.* »

Ceux qui ont passé leur vie dans les ateliers et qui connaissent le travail et ses relations par la pratique de tous les jours, sont seuls capables de comprendre tous les éléments d'esclavage et d'oppression que contiennent ces sinistres paroles.

Isoler les hommes d'une même profession, c'est les empêcher de concilier leurs différends, c'est les empêcher de se connaître, de s'aimer, de s'apprécier ; c'est encore plus, car c'est leur interdire le soulagement mutuel de toutes les douleurs et de toutes les misères dont la vie est saturée.

Toutes ces misères et la plupart de toutes ces douleurs disparaîtront de la société, sans aucune dépense publique, le jour où les hommes, obéissant à la loi de nature contenue en *principe* dans les anciens corps d'arts et métiers, se réuniront de nouveau par spécialités professionnelles, mais cette fois-ci avec la liberté et le suffrage universel.

Eh bien, Turgot le physiocrate a vu une source de mal social dans le principe même de l'association professionnelle, qui est la seule voie rédemptrice à la disposition de l'humanité.

C'est donc bien Turgot qui a jeté les bases de la corporation gouvernementale, laquelle n'a pu s'établir solidement que par la mort du droit d'association par spécialités, dont elle a pris l'exercice du principe pour elle-même après en avoir dépouillé les populations.

Turgot a rendu par ce moyen tous les travailleurs libres de la même façon que l'on rend tous les mouvements d'un homme beaucoup plus libres après lui avoir enlevé tous ses vêtements et l'avoir laissé nu et exposé sans défense à toutes les intempéries des saisons.

Cette situation, que l'on n'a pas bien aperçue de suite, a soulevé peu après de grandes protestations, mais à ce moment-là les physiocrates avaient à leur disposition la terreur et la guillotine pour faire taire toutes les réclamations.

***

2° Sieyès est l'auteur du mot célèbre : « *Qu'est le tiers* « *état? Rien. — Que doit-il être? Tout.* »

Nous savons aujourd'hui que par le tiers état Sieyès entendait seulement parler de la tête de parti qui était alors désignée sous ce nom, et cette tête s'apprêtait à se former en une immense corporation gouvernementale pour exploiter au profit de tous ses membres l'universalité des ressources du pays.

Il s'agissait d'organiser cette corporation qui venait de s'élever sur les ruines de toutes les autres, en la gratifiant non-seulement de tous les privilèges que les hommes politiques, ses fondateurs, avaient trouvés si condamnables dans les corps d'arts et métiers, mais encore de tous les abus fiscaux de l'ancien régime, abus que ladite corporation gouvernementale a rétablis et développés peu à peu, à son profit, mais sous d'autres noms. Voilà pourquoi Sieyès voulait que le tiers soit tout.

***

3° Chapelier a été, dans la Constituante de 1791, l'ennemi le plus acharné des droits et du principe de l'association professionnelle. Voici, entre toutes les paroles de Chapelier, celles qui expriment le mieux sa pensée; elles sont contenues dans le paragraphe premier d'un projet de décret présenté par ce physiocrate contre les corporations qui se reformaient de toutes parts après leur abolition, contrairement à la prétention de leurs ennemis qui affirmaient qu'elles étaient détestées des ouvriers.

Article premier. — *L'anéantissement de toute espèce de corporations des citoyens de même état et profession étant l'une des bases fondamentales de la Constitution française, il est défendu de les rétablir de fait sous quelque prétexte et sous quelle forme que ce soit.* (Décret voté par l'Assemblée nationale le 15 juin 1791, sur la proposition du constituant Chapelier.)

Voilà qui est clair, net et précis, c'est bien le principe fraternel et rédempteur de l'association des intérêts généraux par le travail dont la tête du tiers a voulu priver les masses pour s'en appliquer l'exercice à elle seule.

Dans ce but nous allons la voir se former en corporation gouvernementale et rétablir à son profit, c'est-à-dire à celui de tous ses membres, la plupart de ces mêmes privilèges abolis par eux et dont ils avaient dit tant de mal.

Ces hommes politiques ont, en effet, remplacé, dans toutes les directions sociales, l'aristocratie nobiliaire par l'aristocratie populaire, dont ils se sont constitués les membres, voulant ainsi rendre définitif le système physiocratique qui venait d'être établi par eux.

***

Physiocratie veut dire règne et commandement de l'esprit.

C'est ce genre d'esprit que Jésus exclunit du royaume des cieux, en disant : *Bienheureux les pauvres d'esprit!*

Quoi qu'il en soit, il faut que les physiocrates modernes

ment eu en effet beaucoup de cet esprit pour faire accepter à la France, comme ils l'ont fait, le système destructeur de l'individualisme;

Pour avoir pu établir en plein XIXe siècle un véritable mandarinat occidental à leur profit.

Ce système finira par anéantir tout ce qu'il y avait de bien, de bon et de beau dans notre pays, à force de diviser les hommes et de les corrompre par la bataille générale de tous les intérêts privés.

La source du mal vient entièrement de ce que les hommes politiques de 1791 ont réussi à faire accepter l'abolition de l'association professionnelle dont le principe était pratiqué par les corps d'arts et métiers.

Ces associations avaient produit annuellement, depuis six siècles, des milliards de francs, qui augmentaient d'autant la richesse nationale, et cela sans rien coûter à l'État; bien au contraire, en le payant.

Les physiocrates ont pu faire accepter en échange la corporation gouvernementale qu'ils ont établie sur les ruines de toutes les autres.

Mais cette dernière corporation, à l'inverse de celle du travail, dépense tous les ans des milliards de francs au pays sans lui rien rapporter du tout.

Elle se contente de tenir la caisse et d'apporter tous les ans la carte à payer aux députés.

Ces derniers ôtent quelques sommes, en ajoutent d'autres, discutent beaucoup sur le tout, mais sans jamais faire aucun changement bien sensible; de cette façon la corporation dirigeante reste la souveraine dispensatrice de tous les revenus de la nation.

LE RÈGNE DU BON PLAISIR EST RÉTABLI PAR LE FAIT POUR L'EMPLOI DES DENIERS PUBLICS.

Voulez-vous savoir, Monsieur, dans quelle énorme proportion le système du gouvernement physiocratique a développé en France les impôts de toutes espèces?

Si vous avez ce désir comme je l'ai eu moi-même, vous n'avez qu'à consulter l'*Almanach de Gotha* qui donne annuellement le chiffre des budgets de tous les États avec celui de toutes leurs populations.

J'ai pris dans cet almanach les trois grandes puissances qui ont toujours été en guerre avec la France, savoir: la Russie, l'Allemagne du Nord et celle du Sud ; j'ai calculé le chiffre de leurs budgets annuels de toute nature de l'année 1873 ; je les ai comparés aux chiffres réunis de toutes leurs populations ; j'ai fait la même opération pour la France, et j'ai trouvé notre Nation, payant environ quatre fois plus d'impôts, relativement au chiffre de sa population, que ces trois puissances réunies.

Pour justifier cette anomalie, il faudrait soutenir et prouver que les fonctionnaires français ont des besoins quatre fois supérieurs à ceux de ces puissances.

Je m'arrête, car je ne veux esquisser ici que les défectuosités matérielles de ce système relativement aux budgets, c'est-à-dire à l'argent. Mais il est facile de se convaincre qu'en fait de gouvernement, comme en toute chose, les désordres de la vie matérielle entraînent toujours à leur suite des désordres moraux, quand ces derniers n'en sont pas les causes premières.

***

Mais à un autre point de vue, je ne m'explique pas

bien, Monsieur, ce que vous entendez par le servage, qu'à votre sens les anciennes corporations entretenaient au milieu d'elles.

Ce que je sais bien, moi, c'est que depuis quatre-vingts ans, la corporation dirigeante a assujetti la France au servage de l'argent, que tous les citoyens sont obligés de lui fournir par douzième.

***

Vous parlez également d'ostracisme; mais que dites-vous de celui pratiqué par la corporation gouvernementale?

Voyons, bien franchement, Monsieur, croyez-vous qu'il n'est pas cent fois plus difficile de devenir maître dans celle-là que dans les vieilles corporations disparues?

Vos reproches impliquent évidemment un blâme sur la longueur des apprentissages des anciennes corporations d'arts et métiers; pensez-vous que les apprentissages soient moins longs dans la corporation gouvernementale?

Si vous le pensez, c'est que vous n'êtes jamais passé vous-même par les interminables longueurs du surnumérariat.

C'est à ce sujet que l'esprit français, quelque peu moqueur, fait dire des jeunes gens qui se destinent à l'administration, qu'ils sont *aspirants surnuméraires*, lorsqu'ils n'ont pas encore pu obtenir ce bienheureux commencement de fonction.

Les apprentissages des anciennes corporations étaient en moyenne de sept années, mais les apprentis étaient nourris, couchés et entretenus chez les maîtres; ils faisaient en quelque sorte partie de leur famille; beaucoup d'entre eux devenaient leurs gendres, et souvent leurs successeurs.

Il ne faut pas réfléchir bien longtemps pour voir toute la moralité qui découlait d'une pareille institution.

Dans la corporation gouvernementale le surnuméraire

n'est ni couché, ni blanchi, ni nourri, ni entretenu, et il s'écoule en général et en moyenne beaucoup plus de sept ans entre l'époque de son entrée dans l'administration et l'époque où il a des appointements suffisants pour vivre aussi modestement que ce soit.

En outre, le surnuméraire n'apprend rien dans les administrations publiques, et, s'il en sortait, il ne pourrait pas, même après y avoir passé cinq années entières et surtout après y avoir contracté les habitudes traditionnelles du *farniente* administratif, gagner honorablement sa vie, pas plus dans le commerce que dans l'industrie.

***

Après avoir jeté les bases de la physiocratie sociale, les constituants de 91 ont voulu rendre durable leur système de gouvernement en donnant pour dot à la corporation gouvernementale des ressources financières indiscutables ainsi que les moyens de se défendre des agressions qui se produiraient certainement dans l'avenir contre les envahissements de leurs successeurs politiques qui allaient, à leur exemple, continuer à s'emparer de tout.

Rétablir sur-le-champ les impôts était chose difficile. Car les mêmes hommes qui allaient les rétablir s'en étaient déclarés les plus ardents adversaires, quelques années auparavant.

Les constituants de 91 se contentèrent donc, durant les premières années de leur règne, de vivre avec les biens nationaux, vendus à cet effet au fur et à mesure de leurs besoins, jusqu'à ce qu'ils fussent enfin arrivés à s'emparer de tout ce qui en restait et de le faire passer dans leurs mains.

Opération qui put s'accomplir du 9 thermidor an II au 30 ventôse an IV, ainsi que je l'ai démontré dans le premier volume de mon ouvrage, pages 364, 365 et 366.

Pendant et après ces années, la base du système des impôts qui se sont tant développés depuis a été solidement établie par des lois.

Je vais parler seulement des principales et surtout de celles dont l'établissement donne un démenti formel à tout ce qu'avaient dit en parole et en écrit les législateurs qui les ont votées.

Turgot avait déclaré avec tous ses amis qu'avant 1789 « *le droit de travailler* était un droit royal que le prince » pouvait vendre *et que ses sujets devaient acheter* », et Turgot s'empresse d'ajouter : « *Nous nous hâtons de rejeter une pareille maxime* (1). »

Ces paroles sont excellentes ; tous les hommes de progrès doivent tenir un pareil langage ; malheureusement ceci n'est qu'un des masques que je vais essayer d'arracher.

Les constituants de la Révolution, tout en ne vendant pas le droit de travailler, ont fait mieux que cela, car ils l'ont bel et bien loué annuellement en décrétant la loi des patentes.

*
* *

Les droits de vente et ceux de transmission de la propriété foncière, ainsi que ceux du timbre, etc., sont devenus peu à peu tellement exagérés, que, par un calcul fait et bien connu des personnes qui s'occupent de statistique, il est constaté que la valeur entière de toutes les propriétés foncières de France passe entièrement tous les vingt-cinq ans environ dans les mains de l'État.

Il s'ensuit que l'État, c'est-à-dire tous les fonctionnaires faisant partie de la corporation gouvernementale, se paient environ tous les vingt-cinq ans, comme si cela

(1) Considérants de l'édit du 12 mars 1776 critiqué plus haut dans son entier, lequel supprime les corporations.

était leur héritage, la valeur entière des patrimoines de toute la nation française.

Il faut donc que l'épargne et l'exploitation du travail et des travailleurs reconstituent dans chacune de ses périodes la presque totalité de la fortune de toute la France.

Nous allons voir que cela ne suffit pas encore aux dépenses de la corporation gouvernementale, puisque, depuis quatre-vingts ans, elle a aussi dévoré environ 20 milliards dont sont composées nos dettes publiques.

***

De tous les impôts anciens, le plus difficile à rétablir a été celui des octrois.

En effet, ce genre de droits, relativement très-minime sous l'ancien régime, avait été l'objet d'attaques longues et violentes, de la part des hommes du tiers état, avant 1789.

Le rétablissement des droits d'octroi était donc une chose très-délicate et fort difficile à présenter au vote des députés de la nation.

Après avoir longtemps tourné autour, les physiocrates ne savaient comment s'y prendre pour se créer les magnifiques ressources que donne ce genre d'impôt.

Enfin le 27 vendémiaire an VII ils firent voter une loi qui rétablit les octrois sous la dénomination mensongère d'*octrois de bienfaisance;* puis le 5 ventôse an XII, les boissons furent réimposées; puis le 16 mars an VI ce fut le tour du sel, etc., etc.

Le rétablissement des octrois a été en réalité, pour l'ouvrier des villes, celui de la dîme; il est bon de noter ici que jamais l'ouvrier, sous l'ancien régime, n'a payé à beaucoup près les impôts qu'il paye actuellement et qui sont de toute espèce.

L'ouvrier paie environ six fois plus d'impôts que dans ces temps relativement arriérés.

Il n'y a qu'à consulter l'ouvrage de M. Menier intitulé *de l'Influence des lois sur la répartition des richesses*, et l'on verra, aux pages 184 et 185, que l'ouvrier marié paie aujourd'hui à Paris, en impôts de toute sorte, 11 1/2 pour 100 de son salaire.

Par un calcul fait par moi-même, j'ai trouvé que l'ouvrier célibataire payait le double des impôts de l'homme marié, en raison de ce qu'il est privé des économies qui se font dans un ménage.

***

Il est facile de voir que la fameuse égalité dans l'assiette de l'impôt, considérée à tort comme une des plus précieuses conquêtes de 1789, n'est devenue qu'un leurre sous l'influence du règne de la corporation gouvernementale, laquelle, étant un corps organisé, obéit à l'esprit qui les anime tous.

Le principe du mal vient donc de ce que les intérêts du pays sont dirigés par un corps organisé se renouvelant par lui-même, ce qui fait de tous ses membres des mandataires sans mandats.

***

Quand la corporation gouvernementale a été maîtresse de la fortune publique par les impôts, elle a songé à se mettre autant que possible à l'abri de toutes les attaques qu'elle pressentait devoir lui venir tant du dedans que du dehors.

A cet effet, elle a créé un nouvel impôt, celui du sang; elle a institué l'obligation du service militaire, prenant ainsi à la partie la plus saine de la population mâle les sept plus belles années de sa vie.

Voilà, d'une façon sommaire, comment la physiocratie est arrivée à prendre possession de la France et à remplacer l'ancienne aristocratie de caste dans tous ses droits et priviléges, lesquels, comme nous venons de le démontrer, sont simplement transformés et augmentés considérablement au profit des titulaires nouveaux.

*
* *

Un excellent exemple va nous démontrer complétement que la physiocratie, par laquelle la France est gouvernée aujourd'hui, est bien réellement une aristocratie avec toutes ses conséquences.

Les bourses et demi-bourses accordées aux élèves dans les lycées, colléges et institutions, ne se donnent généralement qu'aux fils et filles des fonctionnaires publics; il en est de même des bureaux de tabac, de timbre, etc., etc.

Un citoyen ne faisant pas partie de la corporation gouvernementale a beau avoir été trente ans le chef de la comptabilité d'une grande usine, et, durant tout ce temps avoir fait les comptes et veillé aux intérêts des patrons d'un établissement et de leurs 5,000 ouvriers, tout cela ne lui sert à rien. Car s'il veut faire obtenir une demi-bourse à un de ses enfants qui a eu tous les prix à une école municipale, il sera répondu à peu près ceci :

« Les enfants des fonctionnaires publics ont toujours eu la préférence pour l'obtention des bourses et demi-bourses, et celle que vous sollicitez vient d'être accordée au fils d'un employé de l'État. »

Il en est de même de tous les autres avantages provenant également des revenus de la France, lesquels appartiennent tous aux membres de la corporation gouvernementale, puisqu'ils en jouissent complétement.

Malgré tout cela, certains hommes et certains journaux continuent à soutenir que le peuple français est un peuple difficile à gouverner.

Comment le leur faut-il donc, grands dieux !

*
* *

Sans parler de tous les anciens abus que je déplore, je viens dire ici : L'esprit qui avait présidé à l'organisation des anciens corps d'arts et métiers était exactement le même que celui qui a présidé à l'établissement du système de gouvernement qui dirige la France depuis plus de trois quarts de siècle.

Mais si ces corps constitués se ressemblent exactement comme formes et fonctionnements, il n'en est pas de même pour le fond ni pour les résultats sociaux.

La profonde différence que l'on remarque dans tous ces résultats se résume ainsi :

1° Les anciens corps de métiers étaient créés au profit de tous également ;

Tous les travailleurs français en faisaient forcément partie d'après la loi ;

Tandis que la corporation gouvernementale n'est créée qu'au profit de quelques-uns.

2° Les anciens corps d'arts et métiers augmentaient tous les jours, par leur travail, la fortune publique et payaient des sommes considérables à l'État.

Tandis que la corporation gouvernementale ne produit rien et coûte des sommes énormes au pays.

Servage veut dire obligation de service.

Dans les corporations, le service était mutuel comme dans le travail d'aujourd'hui.

Tout le monde, dans la vie, est un peu plus ou un peu moins le serviteur obligé de ses semblables ; si la rémunération est suffisante, tout est pour le bien, et chacun ne demande qu'à servir son prochain.

Dans les corps d'arts et métiers, tout le monde pouvait arriver à la maîtrise.

Pour arriver à doter ces communautés d'un progrès raisonnable et raisonné, il fallait seulement, à cette époque, élargir les voies qui avaient été rétrécies petit à petit par l'égoïsme des gouvernants d'autrefois.

Les maîtres, du reste, payaient leurs compagnons, nourrissaient et couchaient leurs apprentis.

Mais voyez la différence, qui n'est pas du tout à l'avantage du système actuel : à l'inverse de ce qui se passait dans les anciennes corporations, ce sont les inférieurs qui paient, par tous les multiples impôts, les maîtres de la corporation gouvernementale !

Les inférieurs paient aussi, par LES PRESTATIONS EN NATURE, qui remplacent véritablement l'ancienne corvée.

***

C'est à la liquidation que l'on reconnaît la bonté des institutions sociales, de même que celles des maisons de commerce ou d'industrie.

Quand on a liquidé les corporations, on a trouvé des caisses de secours parfaitement garnies, et l'on a constaté ce que j'ai dit précédemment, à savoir :

Que les corporations avaient été à peu près le seul instrument qui avait enrichi environ 600,000 propriétaires et rentiers, que nous trouvons, en 1789, possédant le quart du territoire français, la presque totalité des quatre milliards et demi de francs de la dette publique, et tous les établissements du commerce et de l'industrie dans toute la France.

La liquidation sociale se fera fatalement dans notre nation, dans un temps peut-être très-rapproché, si nous ne savons pas changer, en les modifiant profondément, les bases actuelles de la société.

Cette liquidation sera le point de départ de la ruine du pays, car un grand peuple ne peut pas recommencer impunément deux fois la banqueroute de ses dettes nationales.

Tout le monde sait que les physiocrates dirigeant la révolution ont fait opérer à la France la banqueroute des deux tiers de ses dettes nationales sous le Directoire.

Mais il est certain que si nous faisions aujourd'hui la liquidation sociale, si nous, Français, nous voulions connaître à fond les résultats, par doit et avoir, de toute la gestion gouvernementale, depuis l'époque où la physiocratie du XVIIIe siècle est parvenue à s'organiser, nous trouverions qu'elle a détruit toutes les institutions de la vieille France, aussi bien les bonnes que les mauvaises.

Aussitôt ce résultat obtenu, grâce aux immenses guerres que ces gouvernants ont déclarées et aux bouleversements intérieurs qu'ils ont produits, il leur a été facile, comme nous venons de le prouver, de rétablir hâtivement toute la partie défectueuse de l'ancienne administration sociale de la France, en la rendant pire encore.

C'est ainsi qu'ils ont pu faire revivre tous les abus fiscaux afin de mettre dans leurs mains le plus d'argent possible, au moyen des impôts et des emprunts.

***

En un mot, quand la liquidation de la société française arrivera à la suite de toutes ces fautes, on trouvera que la corporation gouvernementale a dévoré, depuis 1791, environ 170 milliards de francs provenant des impôts et des biens nationaux, ainsi que de toutes les spéculations qu'elle a entreprises à son profit;

Plus 20 milliards environ de dettes nationales qu'elle a reçus et touchés par des emprunts couverts partie par la France et partie par l'étranger.

Avec ces immenses ressources, la corporation gouvernementale n'a produit depuis quatre-vingts ans que des émeutes, des guerres civiles et étrangères, des révolutions, etc., etc.

Enfin elle a créé un chef-d'œuvre malfaisant qui a été son grand moyen d'action et que j'appelle *la profession politique*, laquelle était absolument inconnue avant le règne des physiocrates français.

La profession politique est arrivée à diviser aussi profondément la France, que la destruction des associations professionnelles l'avait fait pour ses travailleurs.

Elle est aussi parvenue, par les révolutions successives issues du système de fonctionnement politico-social qu'elle dirige, à diviser tous les citoyens français en cinq grands camps que l'on appelle les partis politiques :

Légitimistes, parti bourgeois, bonapartistes, républicains conservateurs et républicains radicaux.

Tous les hommes qui appartiennent à ces divers partis croient follement que leurs intérêts privés sont intimement liés à la prise de possession du pouvoir par la tête de leur parti.

Beaucoup de ces citoyens paraissent encore penser que l'arrivée au pouvoir d'un parti qui est le leur doit inévitablement sauver le pays, et, par le fait, ce genre de victoire ne sert qu'à préparer une guerre sourde et acharnée que vont faire au vainqueur les quatre autres partis politiques, lesquels, pendant quinze ou dix-huit ans (c'est le terme fatal) vont combattre séparément et liguer au besoin toutes leurs forces pour renverser les hommes d'affaires qui sont momentanément les heureux dispensateurs des milliards provenant des budgets et des emprunts.

Personne n'a l'air de s'apercevoir que tout cela ne représente que des luttes passionnées, où les intérêts privés sont seuls en jeu, au grand détriment de l'intérêt général.

L'INTÉRÊT GÉNÉRAL, Monsieur, N'A QU'UN SEUL TEMPLE, ET CE TEMPLE EST CELUI DE L'ASSOCIATION PROFESSIONNELLE.

Le pouvoir qui le premier la réorganisera sera grand et fort entre tous.

Ce pouvoir deviendra par cela même la clef de voûte du temple social dont tous les syndicats seront les colonnes et les arêtiers.

Ces associations administrant tous les intérêts généraux du pays, arrêteront la destruction journalière de la chose publique par les intérêts privés.

***

Une liquidation sociale démontrerait encore que les guerres et les révolutions ont contribué, dans une large mesure, à la dépense des immenses capitaux provenant des budgets et des emprunts de la France.

Cette part faite, on trouverait que tout le reste a pourvu aux besoins, à la fortune et aux habitations de tous les fonctionnaires publics.

Ce qui a été dépensé pendant ce temps, pour les améliorations de toute espèce, pour la justice et pour l'instruction publique, est tellement minime si on le compare à ce chapelet de milliards, qu'il devient à peine utile de le faire entrer en ligne de compte.

Pourtant ces dernières dépenses sont les seules qui profitent aux populations productrices, c'est-à-dire à TRENTE-SEPT MILLIONS CINQ CENT MILLE HABITANTS ENVIRON SUR TRENTE-HUIT !

***

Quant à l'instruction et à l'assistance en général, les constituants de 91 ont très-bien compris qu'après avoir détruit les universités professionnelles, ainsi que tous les éléments de secours mutuels que contenaient les corps d'arts et métiers, il fallait au moins promettre quelque chose qui eût l'air de remplacer tout cela largement.

C'est ce qu'ils firent; mais hâtons-nous d'ajouter que ni eux, ni leurs divers successeurs au pouvoir, n'ont jamais pensé une minute à remplir cette promesse faite solennellement sur le cadavre encore chaud des corporations d'arts et métiers de la nationalité française.

C'est sur la proposition et d'après le programme tracé par Lepelletier Saint-Fargeau que les physiocrates de la Constituante inscrivirent dans la constitution française des 13 et 14 septembre 1791 les solennelles promesses que voici :

TITRE Ier. — *Dispositions fondamentales garanties par la Constitution.*

» *Il sera créé un établissement général de* SECOURS PUBLICS, *pour élever les enfants abandonnés, soulager les pauvres infirmes, et fournir du travail aux pauvres valides qui n'auraient pas pu s'en procurer.*

» *Il sera créé et organisé une* INSTRUCTION PUBLIQUE, COMMUNE *à* TOUS LES CITOYENS *et* GRATUITE *à l'égard des parties d'enseignement indispensables à tous les hommes, dont les établissements seront distribués graduellement dans un rapport combiné avec la division du royaume.* »

Mais, comme je viens de le dire, l'accomplissement de ces promesses a été toujours ajourné par les gouvernants de l'individualisme.

En revanche, tous les privilèges qu'ils ont abolis comme révolutionnaires ont été rétablis par eux sous d'autres noms, quand ils ont été les gouvernants, au moins pour tout ce qui est bursal.

A mes yeux, toute la tartuferie des constituants de 1791 se résume dans les articles de leur constitution que je cite ci-dessus.

En supposant que les promesses sollennelles qu'ils

contenaient aient pu s'accomplir, elles auraient été impuissantes à remplacer les éléments naturels d'instruction spéciale et d'assistance mutuelle que contenait le principe de l'association professionnelle que ces constituants venaient d'abolir.

Mais en réalité ces hommes politiques voulaient fonder seulement la charité publique, car ils savaient très-bien que, par leur constitution, ils créaient le prolétariat ; c'est-à-dire la misère héréditaire pour la masse des travailleurs industriels de l'avenir.

*
* *

Voici comment ils ont opéré dans la suite :

D'une part ils ont divisé à l'infini les communes, de manière à anéantir l'individualité communale ; d'une autre part, ils avaient aboli les corporations, de telle sorte que l'individu n'a plus, ni les garanties que lui donnait la commune naturelle, ni celles que lui procurait la corporation, cette commune artificielle.

De plus et comme couronnement, ils se contentent de PROMETTRE des secours publics et une instruction COMMUNE qu'ils n'ont jamais organisée et qu'ils ne pouvaient pas d'ailleurs organiser, en dehors de la commune naturelle qu'ils avaient annulée en la divisant, et en dehors des associations professionnelles qu'ils avaient abolies.

Mais ces hommes politiques ont bâti sur le sable, car leur édifice menace ruine de toutes parts.

*
* *

Malgré tout cela et ce qui va suivre, je crois qu'on se tromperait étrangement si l'on jugeait la valeur morale des Français à l'imperfection de leurs institutions.

C'est le système qui est faux, ce sont les bases sociales qui sont défectueuses, car les constituants de 91 les ont établies pour leur intérêt privé, et, par cela même, en dehors des lois de la nature.

Par le fonctionnement de tous les jours, ces bases conduisent petit à petit la société française aux abîmes.

Malgré la quantité considérable d'hommes éminents et distingués qui se sont succédé au pouvoir depuis soixante ans, et malgré leur bonne volonté à tous, ils n'ont jamais pu obtenir que des résultats sociaux mauvais dans les détails et presque toujours désastreux dans l'ensemble.

L'esprit de corps qui anime très-logiquement depuis quatre-vingts ans les membres de la corporation gouvernementale les pousse naturellement à étendre par tous les moyens à leur disposition la puissance collective qui les protége exclusivement.

C'est cette puissance corporative qui les rend si forts et si unis, car tous leurs intérêts personnels, ainsi que ceux de leurs familles, y sont attachés.

Au..si la corporation gouvernementale augmente le plus possible le nombre des fonctionnaires afin de consolider davantage ses forces et sa puissance, c'est-à-dire sa base d'opérations et de résistance.

Dans ce but elle entreprend et spécule sur beaucoup de choses qu'elle monopolise à son profit, à commencer par les tabacs sous le premier empire, les établissements de Vichy plus tard, et jusqu'aux allumettes chimiques, imposées par entreprise générale il y a quelque temps seulement.

* * *

M. Thiers, alors président, a profité, po ce

dernier monopole, de la République, gouvernement qui divise le moins les bénéficiaires de la corporation gouvernementale.

*
* *

Celle-ci distrait du travail des champs et de l'industrie le plus d'hommes possible par l'impôt du sang, qu'elle a établi afin d'augmenter les armées qui doivent la défendre des agressions intérieures et extérieures.

*
* *

La France semble être sa propriété, son patrimoine, son héritage, sa chose, enfin.

*
* *

Quel que soit l'état des affaires commerciales, qu'elles soient brillantes ou malheureuses, que la misère ou la prospérité publique soient le résultat des guerres ou des opérations entreprises par la corporation gouvernementale, il lui faut néanmoins ses impôts et son budget bien complets pour vivre.

*
* *

Il est certain que, depuis les époques primitives de la civilisation chrétienne, aucun autre système social aussi aveuglément égoïste n'a existé.

*
* *

Aussi le quart du pays est fonctionnaire ou s'apprête à le devenir; l'esprit fin et distingué du travailleur parisien appelle cette tendance, malheureusement générale, *le besoin de se mettre du côté du manche.*

*
* *

Les quatre-vingts ans du règne de la corporation gouvernementale ont répandu à l'infini dans toutes les populations françaises les goûts de l'uniforme et du galon, c'est-à-dire ceux de la domesticité, qui représente le véritable esclavage moderne, en même temps que la cause la plus importante de notre faiblesse.

***

La noble fierté du producteur qui vit de son labeur tend peu à peu à disparaître, car l'on s'occupe de moins en moins à renouveler les sources du travail, c'est-à-dire celles qui préparent la richesse publique de l'avenir par l'instruction spéciale et les apprentissages pour toute la jeunesse.

***

Je ne veux donner ici que l'esquisse des résultats regrettables de l'imprévoyance des physiocrates relativement à l'instruction professionnelle, qu'ils ont livrée au hasard par la destruction du principe de l'association; c'est donc sur cette destruction, qui glorifie pour ainsi dire l'ignorance, qu'ils ont basé tout leur système de société.

Au sujet de l'apprentissage fécond et utile, voilà ce qui se passe sous nos yeux à Paris.

Il ne se fait presque plus d'élèves dans les professions industrielles sérieuses; nous tirons nos ouvriers de la province et de l'étranger; car les parents exigent de suite un gain quelconque pour leurs enfants.

Ne pouvant payer un contre-maître à neuf francs par jour, donner du bois, du fer ou de l'étoffe à gâter à des élèves, et pendant ce temps les payer en plus, les patrons refusent.

Alors les parents mettent leurs enfants dans les professions où les patrons, tirant un produit immédiat des apprentis, peuvent les rémunérer faiblement.

Ces professions sont généralement celle de lanceurs de navette dans les ateliers de tissage de Belleville et Ménilmontant; gâcheurs de couleurs et tireurs de papier, dans les fabriques de papiers peints; plieurs, porteurs et brocheurs dans les imprimeries et ateliers de reliure; polisseurs, finisseurs, balanceurs, vernisseurs, etc., etc. Enfin ce sont là des accessoires de professions, que des machines simples à inventer et à construire devraient remplacer pour la plupart, mais non des professions sérieuses.

Les enfants, moins surveillés, deviennent marchands de contre-marques, ouvreurs de voitures, etc., etc. Bref, tous les métiers interlopes, qui fourmillent dans Paris, sont exercés plus ou moins bien par ces enfants.

Comme conséquence :

1° Il ne se fait pour ainsi dire pas d'élèves dans les professions du bâtiment, de l'ameublement et du vêtement;

2° Ces professions, qui périclitent, manquant de bras, augmentent la valeur de leurs produits d'une façon insensée depuis trente ans;

3° Tous ces enfants arrivent à vingt ans n'ayant aucun métier sérieux entre les mains.

Ne pouvant pas se donner les jouissances de la vie, que chez les autres ils ont constamment devant les yeux, ils deviennent pour la plupart jaloux de ceux qu'ils nomment leurs exploiteurs.

Arrivés là, ils sont devenus les véritables ennemis de la société.

Aussi la société parisienne, en ne s'occupant pas, à l'exemple des anciens corps d'Arts et Métiers, d'obliger et d'aider les apprentissages, crée et met au monde tous les vingt ans une armée du mal, composée de *cent mille individus* au minimum, toujours prête à se mettre au service de toutes les exagérations politiques et sociales qu'engendrent périodiquement les malentendus existant entre, toutes les classes de la société.

Tout cela se produit par le vide formé dans tous les rouages sociaux, depuis la destruction de l'instruction professionnelle par les associations du travail.

Mais, chose vraiment extraordinaire, personne n'a l'air de craindre le gouffre que l'absence des apprentissages et de toutes les instructions spéciales et professionnelles creuse constamment sous nos pieds, et pourtant la rareté des ouvriers adroits, l'infériorité des très-chers produits de toutes nos industries relativement à ceux des anciennes corporations, tout cela devrait pourtant bien nous ouvrir les yeux.

Tout homme réfléchi, après examen attentif de notre situation sociale, fera exactement comme moi ; il attribuera résolûment ces malheureux résultats au règne de l'individualisme créé sur les ruines de l'organisation du travail.

Dans l'état d'isolement où se trouvent tous les citoyens, chacun ne peut naturellement penser qu'à ses intérêts privés, aiguillonné en cela par le manque presque absolu d'appuis sociaux et par les besoins matériels rendus tous les jours plus pressants, plus nécessaires, et leur satisfaction plus coûteuse par le système même de l'organisation individuelle.

***

L'esprit public se perd en France, car tout le monde se désintéresse malheureusement de plus en plus de tout ce qui touche à l'intérêt général, et cela n'a rien d'étonnant sous l'empire d'une corporation gouvernementale qui s'est constituée entrepreneur général de toute la chose publique.

En effet, depuis quatre-vingts ans, la corporation gouvernementale a tout entrepris et se charge à forfait, contre le montant de tous les budgets, de tout ce qui regarde la sécurité et l'administration générale.

Mais, entrepreneur irresponsable, si la corporation gouvernementale se trompe dans ses spéculations de la paix ou de la guerre, c'est la France qui paie constamment, soit par ses provinces, soit par son argent et quelquefois par tous les deux à la fois.

Chose extraordinaire ! Que la France acquière des provinces ou en perde, elle paie toujours, car les énormes emprunts accompagnent inévitablement ce genre de pertes ou d'acquisitions.

Il me semble qu'il y a dans ce fonctionnement anormal un monstreux non-sens et une immense injustice, pour ne pas dire plus, lesquels contiennent la justification des craintes dont sont animés les gens prévoyants qui voient sous les couleurs les plus sombres l'avenir de notre beau et intelligent pays.

J'espère néanmoins que ces désastreux résultats vont enfin éclairer la France sur la fausse voie dans laquelle l'a engagée la physiocratie du XVIIIe siècle, arrivée au pouvoir sous le titre de: les constituants de 1791.

TROISIÈME POINT

LA FÉDÉRATION DU TRAVAIL OU LE GOUVERNEMENT DE TOUS PAR TOUS (1).

Quand le principe corporatif est créé pour gouverner tous les divers intérêts généraux des membres d'une société,
C'EST LE BIEN.

Quand au contraire il est créé pour gouverner au profit des intérêts privés d'une partie de ses membres,
C'EST LE MAL.

I

LE SYNDICAT CANTONAL.

La base et l'esprit protecteur du principe de l'association professionnelle sont représentés par la direction et la conciliation communes de tous les intérêts généraux.

Les intérêts en lutte doivent toujours être conciliés par les PAIRS des intéressés, lesquels, de juges qu'ils sont un jour, peuvent avoir besoin dès le lendemain de l'intelligence conciliatrice de ceux qu'ils ont rapprochés la veille.

---

(1) Le gouvernement d'un grand État dirigé par le travail et par les plus dignes d'entre les travailleurs n'a rien qui puisse surprendre, cela a déjà existé, entre autres durant plus de trois siècles consécutifs en Toscane, et ces trois siècles sont précisément les plus grands de l'histoire de Florence.

En effet, en 1282, l'exemple donné en France, par le roi saint Louis, qui venait de faire organiser les corps d'arts et métiers, par

Cette situation contient des garanties incontestables d'équité que la mutualité seule peut donner.

*
* *

L'établissement des syndicats cantonaux fonctionnant à la ferme modèle et école remplaceront très-avantageusement tous les systèmes connus jusqu'ici pour le développement et la protection mutuelle des professions fondamentales de l'agriculture et de l'élevage.

Ces syndicats, formés naturellement par les présidents et adjoints des conseils municipaux de toutes les communes du canton et par les membres des comices agricoles, seront des centres appelés à rendre les plus grands services aux intérêts privés de toutes leurs populations et aux intérêts généraux de leurs départements respectifs, ainsi qu'à ceux de toute la nation.

Le syndicat cantonal est le chef-d'œuvre du principe d'association par l'organisation du travail ; tous les hommes riches et instruits de chaque canton dirigeront ses inté-

---

Étienne Boileau, éclaira les artisans notables de Florence, lesquels, ayant à leur tête un de leurs confrères nommé Dino Compagni, proposèrent que le gouvernement de la République fût confié aux chefs des arts et métiers ; cela fut accepté, et c'est du commencement de cette magistrature professionnelle que date l'immense prospérité de la Toscane, qui fut, à partir de cette époque, le berceau de la renaissance des lettres et des arts.

On prête à Dino Compagni cet axiome traduit de l'italien : CEUX QUI ORGANISENT LES ARTS (lire le travail) DANS UN PAYS, ORGANISENT LA FORTUNE ET LE BIEN-ÊTRE DE TOUS SES HABITANTS.

Mais en Toscane comme en France, les enrichis des corps d'arts et métiers tuèrent la poule aux œufs d'or.

En effet. — Une révolution politique éclata en 1569 à Florence, elle remplaça le gonfalonier par un grand duc et organisa une corporation gouvernementale en détruisant toutes celles du travail.

Cette victoire de la physiocratie toscane de cette époque, donne la date exacte du commencement de la décadence de ce beau pays.

rêts en général avec toute la science qu'ils apportent dans la direction des leurs.

Il s'ensuit que le progrès et les lumières, si longues à pénétrer dans le travail des champs avec le principe isolateur de l'individualisme, profiteront à tous facilement avec l'association.

La ferme école et modèle sera le palais du travail dans chaque canton, car elle sera centre de direction, centre d'instruction, centre de production et de protection mutuelle, centre de juridiction conciliatrice et d'assistances de toutes natures par la cotisation ; le tout sous l'impulsion et le contrôle des syndics de la famille professionnelle de chaque canton rural, c'est-à-dire sous la direction et la protection des citoyens les plus honorables de toute la nation.

Nous demandons à tous les hommes de bonne foi si tout cela n'est pas simple comme la vertu et d'une facilité élémentaire à établir.

J'ai l'espoir, Monsieur, qu'après ces explications, vous accepterez les conclusions de mon deuxième volume, qui découlent du reste des principes exposés ci-dessus.

Vous serez d'avis comme moi qu'il est grandement temps que la France gouverne et dirige enfin elle-même tous ses multiples intérêts.

Que la seule voie pratique pour arriver à ces résultats, c'est l'organisation de la famille professionnelle avec ses syndicats directeurs nommés au suffrage universel.

En effet, quoi de plus naturel que de faire diriger syndicalement tous les intérêts de chaque canton rural de la France.

Cela représente la reconstitution de la grande commune naturelle telle que l'a instituée le roi Louis le Gros en l'affranchissant.

II

LES SYNDICATS DU COMMERCE, DES ARTS, DE L'INDUSTRIE ET DE LA PROPRIÉTÉ MOBILIÈRE, IMMOBILIÈRE ET INTELLECTUELLE.

Quoi de plus naturel encore que d'organiser dans tous les centres industriels assez importants chaque profession ou groupes de professions similaires y compris celles de rentiers et propriétaires en familles professionnelles avec un syndicat directeur ayant relativement à chacune de leur industrie une mission semblable à celle des syndicats cantonaux pour les professions de l'agriculture.

Ce dernier résultat est déjà atteint à Paris, ainsi que dans les autres grandes villes de France, où des chambres syndicales pour toutes les professions existent ; il n'y a qu'à réunir fraternellement celles des patrons avec celles des ouvriers, fonder celles de tous les genres de propriétés, et le règne de la solidarité commencera.

L'ensemble de toutes ces familles professionnelles avec leurs présidents. réunis en un conseil qui dirigera les intérêts généraux de chaque département, formera un tissu social impossible à rompre et sous la protection duquel toutes les populations françaises se dirigeront, LA MAIN DANS LA MAIN, vers le progrès indéfini.

La pratique de la fraternité sera obligée, la position de chacun étant solidaire de celle de tous les autres citoyens.

Ce qu'il y a de beau et d'heureux dans cette organisation, c'est que la liberté individuelle, loin d'être diminuée, sera considérablement augmentée, car elle sera appuyée sur l'indépendance par l'association des intérêts généraux seulement.

En plus, l'exploitation PHYSIOCRATIQUE sera rendue impossible par le fonctionnement même de cette organisation.

L'intelligence des habiles deviendra utile à tous sans cesser d'être largement utile à eux-mêmes.

Enfin, le : A CHACUN SELON SES ŒUVRES y recevra forcément son entière application.

Il est facile de comprendre que ces résultats bienfaisants seront obtenus naturellement et presque de suite par la force même des choses et parce que tout le monde y aura ses intérêts attachés.

Dans la vie générale des peuples, comme dans celle des individus, les intérêts sont tout, rien ne tient devant l'intérêt, tout lui obéit.

Cela est parfaitement juste et profondément raisonnable, parce que les besoins de tous les jours sont constamment présents pour nous imposer cette manière de voir.

Les personnes sensibles qui séparent les élans du cœur de l'intérêt privé ou général se trompent; car tous les élans du cœur font aussi partie de l'intérêt, mais de l'intérêt moral, lequel touche toujours un peu à l'intérêt matériel.

Là comme partout, il y a le côté moral et le côté matériel, l'âme et le corps, qui existent en toute chose.

Pour revenir à notre tissu social, il est bien certain que l'esprit de ces groupes professionnels faisant régler tous les rouages généraux des intérêts du travail par leurs syndics, est en tous points excellent.

En effet, comme il s'agit ici d'intérêts de toute nature, il faut bien être sûr que les syndics et directeurs de tous les intérêts de la nation française seront forcément choisis par le suffrage universel parmi les plus instruits et les plus honnêtes de tous les centres.

Le suffrage universel de l'organisation du travail sera donc avant tout sage et mesuré dans l'universalité de ses multiples manifestations.

Quand les hommes seront appelés à choisir ceux auxquels ils donneront pour ainsi dire leur bourse à garder, il faut être sûr que leurs votes n'iront pas s'égarer sur des citoyens qui ne leur présenteraient pas toutes les garanties possibles.

III

LE POUVOIR DE LA FÉDÉRATION DU TRAVAIL.

Vous voyez de suite, Monsieur, combien sera facile avec cette large base l'établissement d'un pouvoir chargé du contrôle par la loi de tous les actes publics de la nation française réunie dans ses comices naturels du travail et de la production.

Les présidents de tous les Syndicats cantonaux et professionnels seront de droit membres du Syndicat général ou départemental, lequel dirigera les intérêts généraux de chaque département, soit en corps par des décrets qui seront exécutés à la diligence de son bureau, soit par des délégations prises dans son sein.

Les présidents des Syndicats généraux de tous les départements français seront de droit pairs de France avec les premiers vice-présidents pour suppléants.

IV

LA CHAMBRE DES PAIRS.

La Chambre des pairs sera naturellement le conseil d'État avec toutes les attributions qu'il comporte; elle aura ainsi la mission de choisir le chef de l'État, lequel sera chargé du contrôle, au point de vue de la loi, de toute la gestion nationale, ainsi que de mettre à exécution les volontés de toute la France, exprimées par l'échelle syndicale que je viens de vous expliquer.

Le chef de l'État récompense, encourage et protége tous les mérites et tous les dévouements; enfin c'est autour de lui et de ses demeures que doivent rayonner les centres nécessaires du bon ton, du goût, de l'amour des arts et des choses belles et utiles, indispensables à un peuple artiste et producteur comme le peuple français.

La passion politique sera forcément exclue de toutes les réunions nationales, pour faire place aux discussions loyales de tous les intérêts du pays.

Voyez-vous avec moi, Monsieur, la majesté suprême de cette Chambre des pairs dont chaque membre représentera l'expression la plus pure des intérêts entiers de tout un département français?

Entendez-vous un de ces respectables magistrats dire au milieu de cette assemblée :

« Je viens au nom de tel département, qui m'a confié la représentation de ses intérêts nationaux, vous demander etc., etc.... »

***

Comme vous le voyez, les intérêts généraux de tout le pays sont administrés par trois genres de syndicats qui représentent les trois genres de liberté du gouvernement de tous par tous.

1° Liberté professionnelle et communale : dont les intérêts généraux sont administrés par les syndicats de tous les cantons ruraux pour toutes les professions de l'agriculture, et par les syndicats du commerce, de l'industrie et de la propriété siégeant dans les villes.

2° Liberté départementale : dont les intérêts généraux

sont administrés par les syndicats généraux composés des présidents et de tous les syndicats professionnels de chaque département.

3° LIBERTÉ NATIONALE : dont les intérêts généraux sont administrés par le syndicat national qui n'est autre que la chambre des pairs composée des présidents de tous les syndicats départementaux.

*
* *

Je pense, Monsieur, avoir suffisamment répondu à la partie critique du compte rendu que vous avez eu la bonté de faire sur mon premier volume.

Je pense également que vous saisissez bien maintenant la solution que je propose à la question sociale de notre pays, et que vous êtes bien sûr à cette heure que l'association professionnelle n'est pas le servage, mais au contraire la liberté avec la possibilité de tous ses développements au profit des travailleurs, qu'elle émancipe de suite en leur donnant l'instruction spéciale et la sécurité du lendemain.

V

LES FORCES MILITAIRES DE LA FRANCE MODERNE AVEC LES FAMILLES PROFESSIONNELLES FONCTIONNANT LIBREMENT PAR LE SUFFRAGE UNIVERSEL.

Ayant beaucoup blâmé dans le cours de cette lettre l'impôt du sang, c'est-à-dire l'obligation du service militaire, je crois devoir, pour éviter tout malentendu, ajouter les explications suivantes, qui vous prouveront que je ne veux pas voir la France du travail désarmée.

Au contraire, je pense qu'il faut que sa force militaire soit immense, afin d'être en rapport avec ses belles destinées.

Il y aura toujours en France de deux à quatre cent mille hommes, lesquels, pour se faire une profession selon leurs goûts ou par tempérament, ne demanderont pas mieux que de faire partie des armées actives ; ils s'engageront volontairement soit par les écoles, soit directement par les régiments.

Cela se pratiquait ainsi avant 1789, et jamais la France n'a manqué de soldats.

La liberté a pour cela (contrairement à ce qui est établi par le système de la soi-disant liberté individuelle) une raison sérieuse de se produire, car l'impôt du sang obligatoire est un restant de la barbarie.

Pour les soldats de l'armée active les casernes doivent être, toujours et partout, des écoles et des ateliers.

Les soldats à l'expiration de leur engagement pourront emporter dans leurs foyers deux genres de dots pour se marier et s'établir.

L'une de ces dots sera morale, et l'autre matérielle.

La dot morale se composera de l'instruction et des talents spéciaux que chaque soldat aura acquis ou perfectionnés dans les écoles professionnelles de son régiment.

La dot matérielle se composera des économies que chaque soldat aura fait sur le produit de son travail pendant les sept ans de son engagement.

Pour se conformer à toutes les convenances, les uniformes généraux de l'armée active devront être en drap bleu foncé avec de petites bordures en laine ou en soie grenat pour distinguer seulement de près les grades et les numéros.

De cette façon un temps inutile passé à fourbir les parties métalliques des uniformes sera économisé.

J'entends déjà la réponse qui va m'être faite; on va me dire : *Mais toutes les puissances sont sur un pied mili-*

taire formidable; si la France arme en partie seulement, elle présentera le flanc à toutes les agressions et invasions.

Je réponds de suite :

Les armées de l'individualisme n'ont pas été assez heureuses en 1870 et 1871 pour soutenir et regretter le système de leur recrutement et de leur instruction.

Ensuite, avec l'armée active composée presque entièrement des armes de l'artillerie, du génie et des ingénieurs, le chef de l'État pourra faire respecter le territoire, maintenir l'ordre, et cette armée active formera les cadres de l'armée nationale.

Une nation dont les intérêts sont organisés doit savoir défendre son territoire et ces mêmes intérêts quand ils sont menacés des invasions étrangères.

Dans une nation ainsi organisée, tous les hommes valides doivent faire partie de l'armée nationale en cas d'invasion ; les exercices militaires doivent être la gymnastique nationale de tous les jours de repos, et cela pour tous les citoyens français.

Dans cette situation, si jamais une puissance étrangère venait à attaquer l'harmonie sociale de la nation française, qui assurera et protégera par son organisation le travail et les intérêts de tous ses enfants, elle pourra rencontrer sur nos frontières six millions d'hommes parfaitement exercés pour la repousser.

Mais cette éventualité ne se présentera jamais.

Les invasions appellent les invasions en sens inverse ; l'invasion de la Prusse en 1806 a amené celle de la France en 1814 et 1815, et celle de 1870.

Un peuple qui s'organise pour progresser et se développer par le travail ne doit avoir et n'aura jamais aucun ennemi, car toutes les puissances étrangères lui seront forcément sympathiques.

Ce sera du reste leur intérêt le mieux entendu.

***

Il me sera fait certainement encore une objection, qui est celle-ci.

« *Armer six millions de Français c'est insensé, car c'est vouloir préparer partout des communes révolutionnaires ?* »

Je réponds :

1° Quand les groupes professionnels dirigeront eux-mêmes tous leurs intérêts, ce sont les citoyens qui auront le devoir et l'obligation de s'armer eux-mêmes pour défendre ces intérêts lorsqu'ils seront menacés ;

2° Sous le règne du travail les révoltes populaires ne peuvent pas exister.

L'assaut du pouvoir est impossible avec les associations professionnelles, car le pouvoir ne sera nulle part parce qu'il sera partout.

3° En plus, je puis vous prouver par un exemple éclatant que le travail organisé est essentiellement conservateur, par l'excellente raison que tous ses membres ont quelque chose à conserver.

Voici ma preuve :

Louis XI, vaincu par la ligue du Bien public en 1467, arma tous les ouvriers des corps d'arts et métiers de sa bonne ville de Paris.

Le jeudi 14 septembre 1467, il put passer en revue entre la grange de Reuilly et la porte du Temple quatre-vingt mille membres des corporations d'arts et métiers, lesquels, parfaitement armés et équipés *par eux-mêmes*, aidèrent Louis XI à vaincre à son tour, mais cette fois-ci complètement, la ligue du Bien public.

Mais si ces quatre-vingt mille ouvriers et patrons de tous les métiers de Paris ne songèrent jamais à faire usage de leurs armes autrement que pour vaincre les ennemis du roi, c'est que ce roi représentait le pouvoir protecteur du travail et des travailleurs.

C'est que ce roi était le successeur de celui qui les avait organisés et qui les avait rendus riches en leur donnant, par l'association du travail, la sécurité du lendemain.

Tandis qu'aujourd'hui, il y a environ quatre-vingt ans que la physiocratie du XVIIIe siècle a créé le prolétariat dans l'industrie française en détruisant le principe d'association professionnelle.

L'ouvrier isolé n'ayant plus rien à conserver, marche d'instinct vers tous les changements politiques, espérant toujours voir arriver celui qui doit l'émanciper.

Les meneurs des partis extrêmes profitent de ses désespoirs, que la physiocratie appelle *la liberté* : voilà pourquoi les ouvriers parisiens armés, qui étaient un puissant élément d'ordre sous Louis XI, sont devenus un danger énorme sous le régime de l'exploitation gouvernementale physiocratique.

Les ouvriers redeviendront de suite les plus ardents des conservateurs lorsque le travail sera réorganisé et que leur lendemain sera assuré par l'association.

CONCLUSION

> Le meilleur des gouvernements est celui qui apprend aux hommes à se gouverner eux-mêmes.
>
> GŒTHE.

Dans la réponse que je viens d'avoir l'honneur de faire au compte rendu que vous avez publié sur mon premier volume, je n'ai voulu parler que des institutions sociales de notre pays ainsi que des hommes politiques qui les ont établies sur les ruines des associations professionnelles et communales abolies par leurs soins.

Mais je n'ai jamais voulu mettre en cause la multitude des fonctionnaires qui leur ont succédé, car ces derniers ont été forcés de suivre les voies tracées par les physiocrates de la Révolution.

Ces citoyens ont été destinés par leurs parents ou par eux-mêmes à exercer la profession appelée le fonctionnarisme; ils en suivent les us et coutumes ainsi que les principes, rien ne paraît plus naturel.

***

Pour moi, je n'ai pas d'autres besoins ni d'autres désirs, Monsieur, que d'être et de rester un travailleur. Tous mes intérêts, ainsi que ceux de ma famille et de mes nombreux compagnons de travail, sont dans la production industrielle.

Voilà pourquoi j'emploie depuis vingt ans toutes mes

forces et toutes mes facultés afin d'aider par la persuasion à l'avénement de l'organisation générale du travail dans notre pays.

En travaillant, nous trouverons sûrement, les miens et moi, nos parts proportionnelles de sécurité et d'avenir qui récompenseront nos efforts.

L'organisation actuelle me semble impuissante à nous donner jamais aucun bon résultat dans cet ordre d'idées aussi bien que dans tous les autres.

Ces bienfaits que je réclame pour ma famille consanguine de même que pour ma famille industrielle seront étendus également à toutes celles de mes compatriotes, puisqu'ils résulteront et ne peuvent résulter que d'une organisation générale.

L'égoïsme est donc tout naturellement exclu du but social que je propose:

Tous les citoyens français auront les mêmes pensées que celles exprimées ci-dessus lorsque la société sera organisée sur les bases naturelles du travail et de tous ses intérêts généraux.

Lorsque LA COMMUNE naturelle sera devenue CANTONALE comme l'avait établi officiellement le roi Louis le Gros, et lorsque la famille professionnelle, c'est-à-dire la commune artificielle, sera réorganisée pour toutes les spécialités du commerce de l'industrie et de la propriété.

Alors les forces de la Nation se tourneront complétement du côté de toutes les productions.

Alors la profession politique n'existera plus, et chacun attendra tout du travail et de l'exploitation intelligente de toutes les propriétés, foncières, commerciales, industrielles et intellectuelles, lesquelles seront ainsi le seul fond et le seul but de toutes les institutions sociales du pays.

La fortune, la force et le bien-être général résulteront à bref délai de cette organisation rationelle.

Aujourd'hui c'est absolument l'inverse qui a lieu ; les malheurs et la faiblesse momentanée de notre pays viennent certainement et seulement de là.

*
* *

La Révolution de 1789 devait produire le règne que je désire en donnant la direction de tous les intérêts généraux de la France aux syndicats de tous les anciens corps d'arts et métiers transformés en familles professionnelles par la liberté et le suffrage universel.

La fédération des provinces françaises dont la fête a eu lieu en 1790 n'a représenté, en réalité, que la pensée de la grande fédération du travail de toute la nation que les physiocrates ont fait avorter au lieu de la diriger et de la développer.

La tête du tiers état a su détourner de leur but toutes les véritables aspirations du pays, et les hommes qui le composaient ont eu l'adresse d'établir définitivement sur la France et à leur profit le système du gouvernement physiocratique qui dirige, à son avantage, tous les intérêts français depuis cette époque.

C'était donc pour le travail organisé par l'association professionnelle de tous les multiples intérêts du pays, que devait être établi le beau principe du gouvernement de tous par tous, lequel découle des lois de la nature et c'est à son profit que l'axiome suivant devait être mis à exécution :

LE ROI RÈGNE, MAIS NE GOUVERNE PAS (1).

---

(1) Le mot Roi a ici pour moi la même valeur que Chef de l'État, Empereur ou Président de la République.

En effet, dans toute la nature c'est Dieu qui règne, mais ce sont les lois immuables qu'il a créées qui gouvernent et dirigent tous les mouvements de la vie universelle.

Entre Dieu et l'universalité de ses créatures qui vivent et progressent de par ses lois, il n'y a aucune physiocratie intermédiaire comme dans notre infortuné pays.

J'ai déjà bien souvent entendu l'objection suivante :

Les hommes ne sont pas encore assez bons ni assez intelligents pour se passer de tuteurs et pour mériter le système du gouvernement naturel que vous indiquez.

La réponse est facile.

Les hommes étaient encore bien moins avancés au moyen âge, et malgré cela ils étaient déjà mûrs pour ce genre d'institution, puisque les rois Louis le Gros et saint Louis ont doté la France des deux bases primordiales du gouvernement naturel du travail, l'un en fondant la commune cantonale et l'autre en fondant l'association professionnelle.

Ces deux institutions ont rendu, sans aucune contestation possible, la France grande, riche et instruite comme nous la trouvons au XVIIIe siècle.

La physiocratie française a voulu priver les masses de la jouissance de ces principes naturels de classement ; mais elle les a reconstitués de suite au profit de la corporation gouvernementale qu'elle s'est empressée d'établir.

Néanmoins cette dernière institution n'a pas réussi, car les principes ne peuvent être solidement et fructueusement établis que quand ils fonctionnent dans une juste proportion au profit de tous.

C'est-à-dire que, pour arriver à ce dernier résultat, la nation française doit diriger elle-même tous ses multiples intérêts généraux, avec ses syndicats représentés par tous leurs présidents sous le contrôle d'un chef suprême de quelque titre qu'on le nomme, lequel régnera mais ne gouvernera plus.

Voilà, Monsieur, le seul système certain du gouvernement de tous par tous découlant des lois de la mutualité universelle par le travail.

Je crois en plus que la France est arrivée à l'époque où ce progrès gouvernemental doit s'accomplir quand même ; car toutes les luttes et les révolutions par lesquelles notre pays est déchiré depuis plus de trois quarts de siècle ne sont en réalité que les douleurs qui précèdent cet immense et bienfaisant enfantement social.

Veuillez agréer, Monsieur, mes salutations les plus distinguées.

J.-P. MAZAROZ.

6 décembre 1874.

IMP. CENTRALE DES CHEMINS DE FER. — A. CHAIX ET Cᵉ, RUE BERGÈRE, 20. — 13810-4

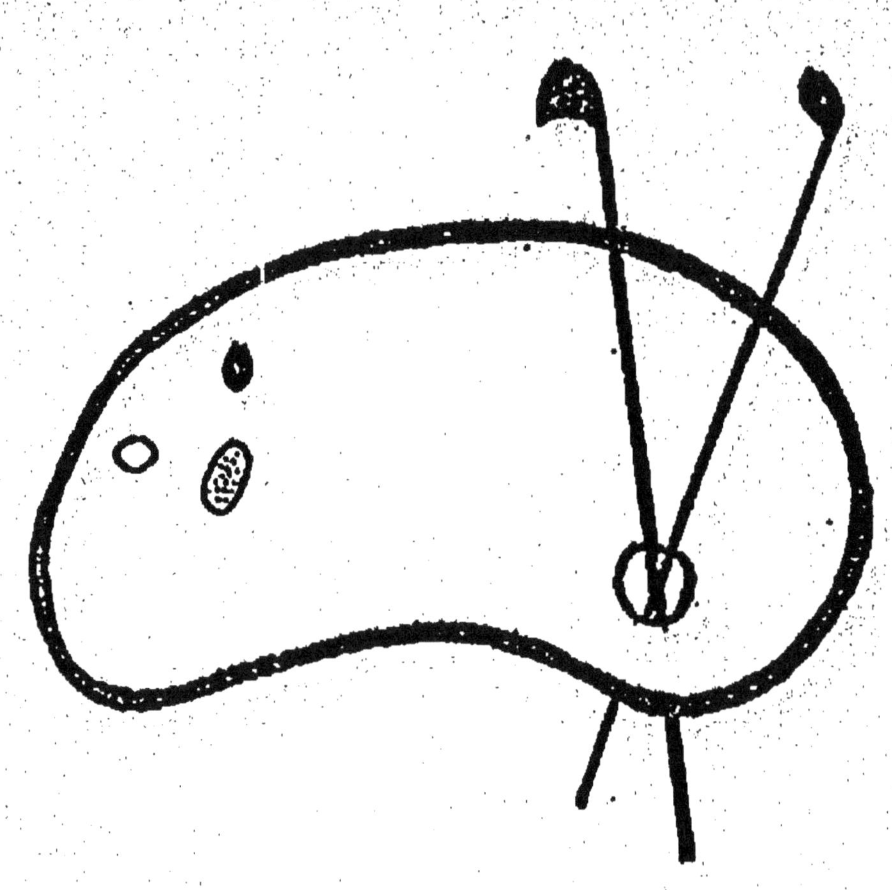

www.ingramcontent.com/pod-product-compliance
Lightning Source LLC
LaVergne TN
LVHW010615110826
845149LV00003B/917

9782013578707